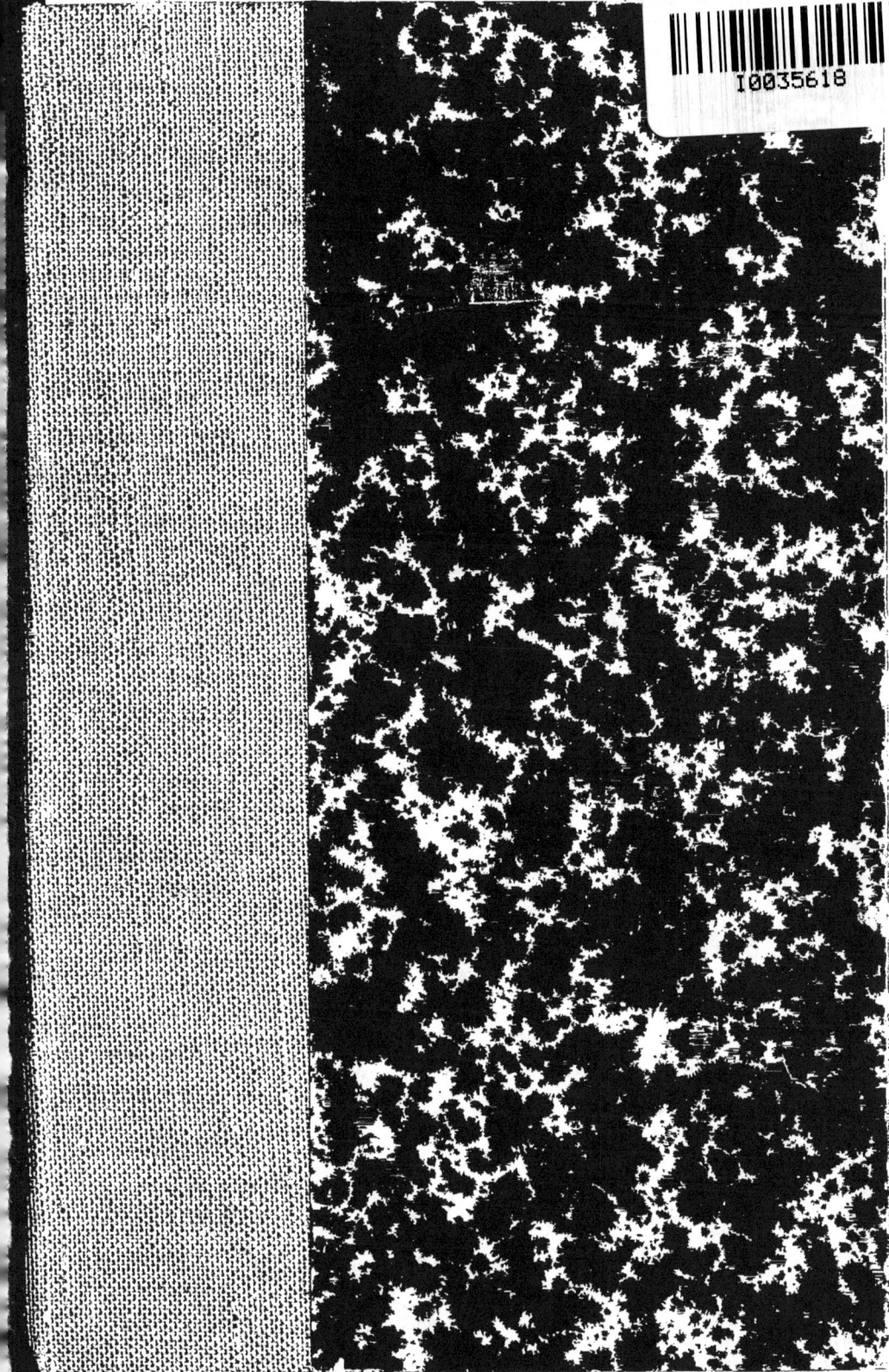

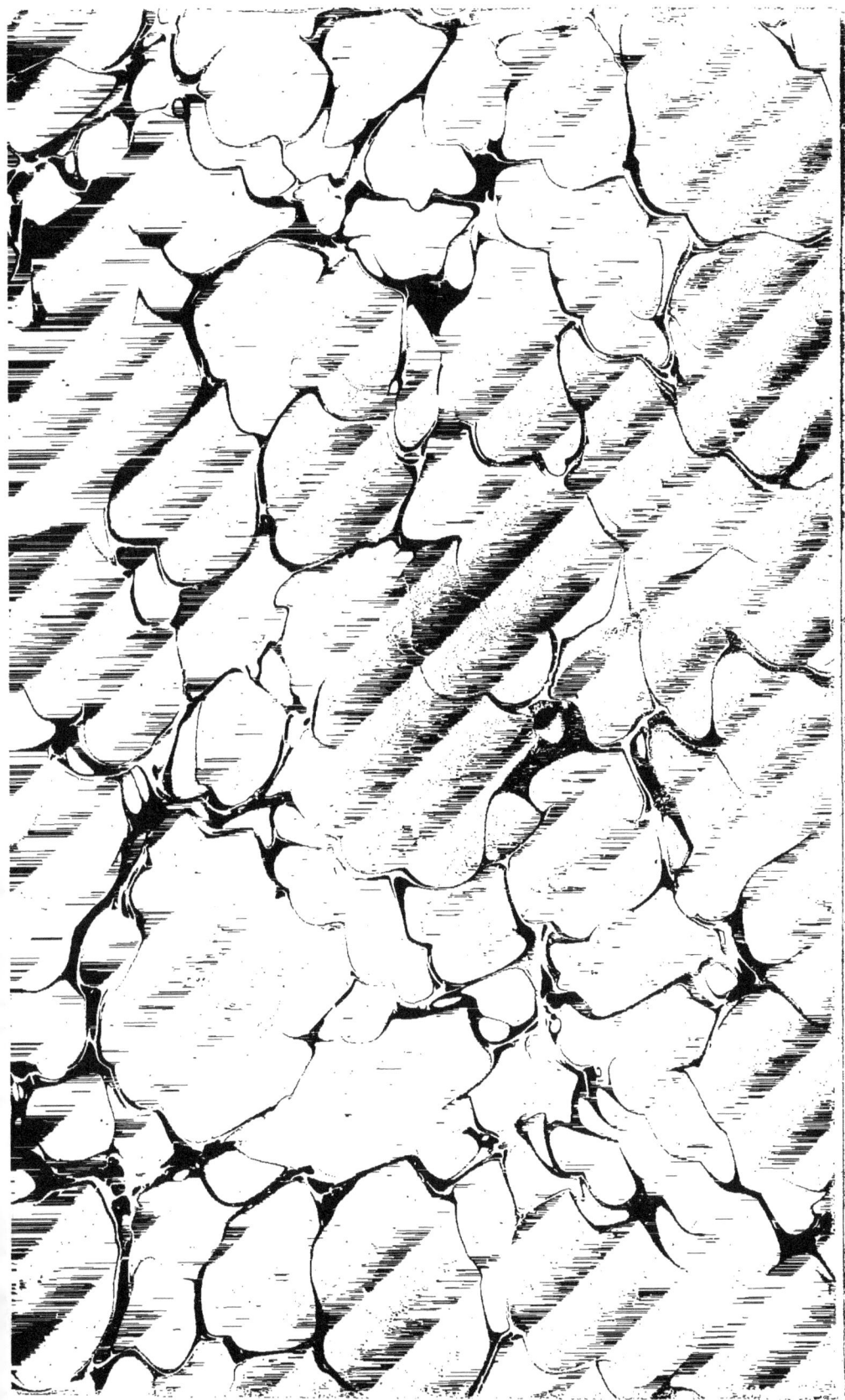

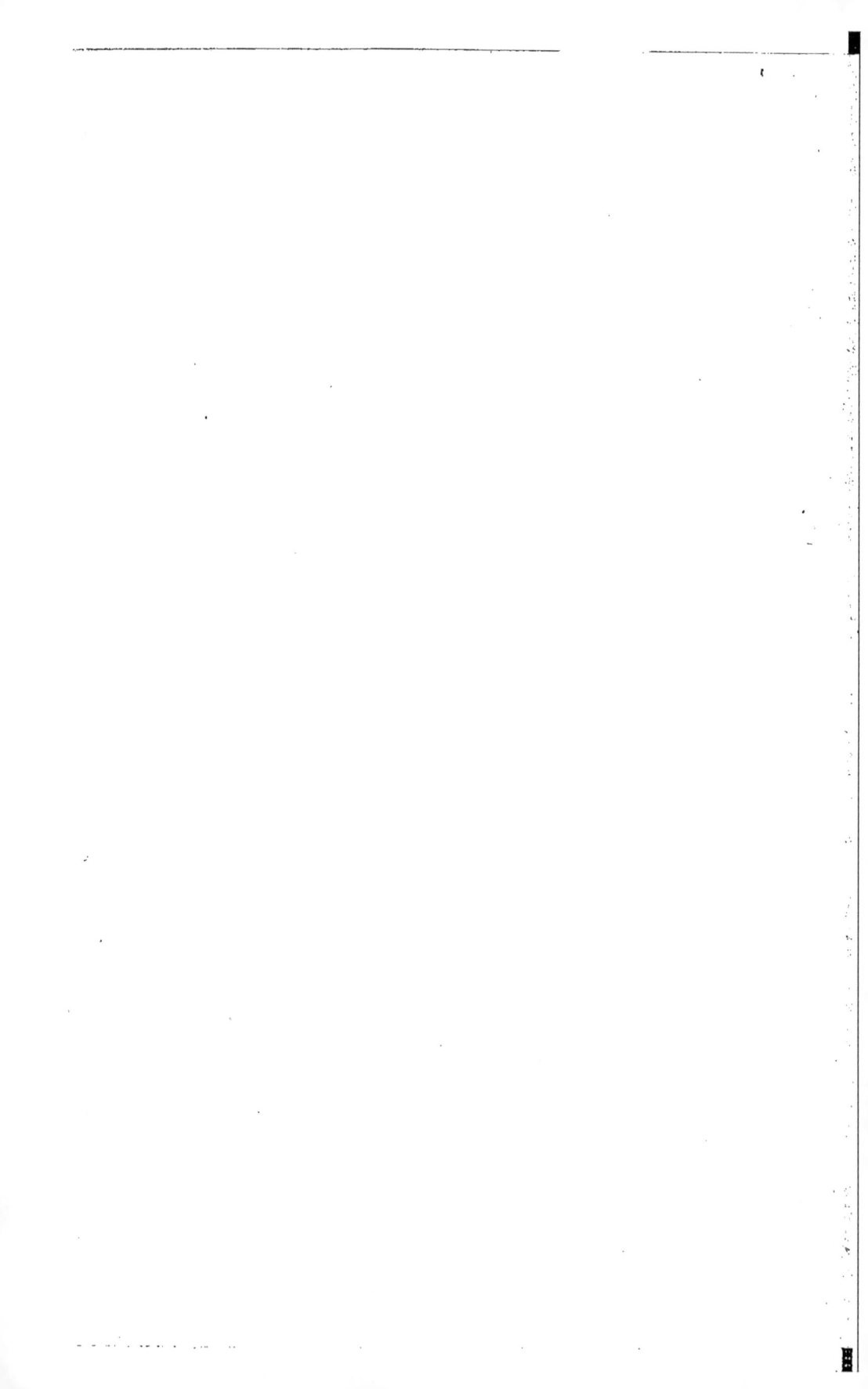

FACULTÉ DE DROIT DE L'UNIVERSITÉ DE BORDEAUX

DES

BÉNÉFICES MILITAIRES

DANS L'EMPIRE ROMAIN

ET SPÉCIALEMENT EN ORIENT ET AU Xme SIÈCLE

THÈSE POUR LE DOCTORAT

Soutenue devant la Faculté de Droit de Bordeaux, le 17 Février 1898, à 3 h. 1/2 du soir

PAR

Roland GAIGNEROT

AVOCAT A LA COUR D'APPEL DE BORDEAUX

LAURÉAT DE LA FACULTÉ

BORDEAUX

IMPRIMERIE Y. CADORET

17, RUE MONTMÉJAN, 17

—

1898

FACULTÉ DE DROIT DE L'UNIVERSITÉ DE BORDEAUX

MM. BAUDRY-LACANTINERIE, ✳, ◊ I., doyen, professeur de Droit civil.

SAIGNAT, ◊ I., assesseur du doyen, professeur de Droit civil.

BARCKHAUSEN, O. ✳, ◊ I., professeur de Droit administratif.

DE LOYNES, ◊ I., professeur de Droit civil.

VIGNEAUX, ◊ I., professeur d'Histoire du droit.

LE COQ, ✳, ◊ I., professeur de Procédure civile

LEVILLAIN, ◊ I., professeur de Droit commercial.

MARANDOUT, ◊ I., professeur de Droit criminel.

DESPAGNET, ◊ I., professeur de Droit international public, chargé du cours de Droit international privé.

MONNIER, ◊ I., professeur de Droit romain, chargé du cours d'Histoire du droit public français.

DUGUIT, ◊ I., professeur de Droit constitutionnel et administratif, chargé du cours de Principes du droit public et Droit constitutionnel comparé.

DE BOECK, ◊ A., professeur de Droit romain, chargé du cours d'Histoire des doctrines économiques.

DIDIER, ◊ A., professeur de Droit maritime et de Législation industrielle, chargé du cours de Législation financière.

SAUVAIRE-JOURDAN, agrégé, chargé des cours de Législation et économie coloniales et d'Économie politique (Doctorat).

BENZACAR, agrégé, chargé du cours d'Économie politique (Licence).

MM. SIGUIER, ◊ A., secrétaire.

PLATON, ◊ A., ancien élève de l'Ecole des Hautes-Etudes, sous-bibliothécaire.

CAZADE, Commis au secrétariat.

COMMISSION DE LA THÈSE

MM. MONNIER, professeur président.
VIGNEAUX, professeur.   } suffragants.
DE BOECK, professeur.

A MON PÈRE

———

A MA MÈRE

DES

BÉNÉFICES MILITAIRES

DANS L'EMPIRE ROMAIN

ET SPÉCIALEMENT EN ORIENT ET AU Xme SIÈCLE

INTRODUCTION

La législation positive est intimement liée à la vie interne des peuples ; elle est la plus pure émanation de leur état social ; elle reflète les mœurs de chaque nation ; elle pourvoit dans une certaine mesure à des besoins multiples et changeants ; elle protège des droits qui diffèrent souvent de beaucoup suivant les civilisations et les âges, elle sanctionne des devoirs qui ne sont pas les mêmes toujours et partout ; elle nous permet par suite de mieux étudier le passé et de nous rendre plus aptes à préparer l'avenir, elle éclaire l'histoire et elle est éclairée par elle. Il n'est pas une institution, dans un pays quelconque, qui n'ait dans le passé des racines vivaces, qui ne soit le résultat d'une évidente nécessité ou d'un irrésistible besoin ; il n'est pas une institution qui soit sans influence sur la destinée des peuples, et qui ne laisse dans l'avenir des traces profondes et souvent ineffaçables. En commençant cette étude juridique sur les bénéfices militaires dans l'empire d'Orient, nous sentons que nous ne pouvons l'isoler de l'histoire, et avant d'aborder notre sujet, nous ne pouvons nous dispenser de nous arrêter un moment pour rechercher quelle fut la raison d'être de cette institution et surtout quelles furent ses conséquences pour les Byzantins, qui vécurent si longtemps par elle et finirent par en périr.

Le 29 mai 1453, Constantinople tombait entre les mains de Mahomet II et des Turcs Seldjoucides, après cinquante jours de siège et des années d'angoisse, presque exactement dix siècles après le jour qui avait vu la chute définitive de l'empire romain d'Occident.

Cette longue survivance de Byzance à Rome a fait l'étonnement de bien des générations; on a parlé de la longue suite de hasards heureux qui lui valut cette extraordinaire longévité, et aussi « de toutes les vertus qu'il lui fallut » (¹) pour fournir une pareille carrière. Les détracteurs de Byzance nous ont dépeint ses vices et l'ont signalée sinon à notre mépris, du moins à notre dédain. Ses apologistes nous l'ont montrée sous le meilleur aspect, toujours entourée d'ennemis, partout attaquée, jamais abattue; ils nous l'ont montrée sauvant à différentes reprises l'Europe et la civilisation, donnant aux peuples orientaux et leur religion, et leur langue littéraire, et leur littérature et leur gouvernement, et nous conservant, à nous Occidentaux, les trésors inestimables de l'antiquité grœco-romaine. Mais aucun d'eux n'a pensé à rechercher, ou n'a suf

(¹) Rambaud, *L'Empire grec au xe siècle*, préface, p. VI.

fisamment mis en lumière ce qui avait permis à l'empire
d'Orient, aux prises avec les mêmes difficultés, de survivre
cependant de mille ans à l'empire d'Occident. Etait-ce le
hasard, était-ce la foi, était-ce la diplomatie ? A coup sûr ce
n'était pas la vertu.

Les nations pleines de sève et de vigueur, chez qui les
richesses et l'amour du luxe n'ont pas encore dépravé le goût
et corrompu les mœurs, chez qui les lettres, les sciences, les
arts progressent et brillent d'un éclat de plus en plus vif,
chez qui la politique tant interne qu'externe est ferme, sans
défaillances, sans compromissions, sans lâchetés, de telles
nations ont le droit de vivre toujours et personne ne songe
jamais à s'étonner de leur longue existence. Mais les civilisations trop raffinées, qui piétinent sur place, vivent sur le
passé et se contentent de jouir des richesses amoncelées,
celles là sont marquées de mort : elles agonisent, elles ne
vivent pas, et on ne peut parler de leur vertu : telle fut
Byzance, la « Chine européenne » comme l'appelle M. Rambaud (¹).

Qu'y a-t-il d'élevé, de vivant, de véritablement fort dans
l'empire d'Orient ? Rien à notre avis. Nous allons rapidement
passer en revue l'état des mœurs, la politique, les manifesta-
tions de l'intelligence, nous ne rencontrerons partout que des
germes de mort.

En quel état sont les mœurs depuis le plus haut échelon
de la société jusqu'au dernier degré ? Au palais une licence
effrénée, d'incessantes intrigues, des conjurations, des trahisons, des crimes. S'il faut en croire les chroniqueurs de

---

(¹) Rambaud, *L'Empire grec au* xᵉ *siècle*, p. 303.

l'époque, tous les Basileis du x⁰ siècle périssent de mort vio-
lente, par le fer ou le poison, à la suite de complots tramés
par leurs proches. Le peuple est digne du palais ; il donne
ses faveurs à ceux qui le gorgent ; pour lui, l'économie est
un vice, la prodigalité une vertu ; il ne pense qu'aux distri-
butions de monnaies et de vivres et aux représentations du
cirque : *panem et circenses* ! Les courses de chars sont l'occasion de rivalités féroces et de luttes sanglantes : dans une
seule sédition, sous Justinien, **30,000** morts restent sur les
marches de l'hippodrome. La corruption est partout ; le courage n'est plus qu'un souvenir, les armées sont abandonnées
et la population des monastères en augmente. Voilà pour les
mœurs.

Le pouvoir central est souvent trop faible. Les personna-
ges hauts placés, l'impératrice vendent les charges. Sous
Constantin VII, le préfet de la ville, nous dit le Continuateur (¹), est un insigne voleur qui a fait un pacte avec le diable et que par suite le Basileus n'ose frapper. Chacun em-
piète sur les attributions du voisin, tout comme les usurpateurs sur le pouvoir du prince. La police est nulle. Les Verts
et les Bleus peuvent se battre dans les rues en toute sûreté ;
le logothète de la course se garde bien d'intervenir. Les empereurs font des constitutions avec une touchante persévé-
rance, mais on ne les applique pas.

La politique extérieure se passerait de commentaires ; c'est
la politique byzantine faite de ruses, de fourberies et de
trahisons. L'empire d'Orient a des envieux ; il n'a point
d'amis, car on sait le cas qu'il faut faire de son amitié. S'il

---

(¹) Continuateur de Théophane, c. 8, p. 442.

veut des secours, il doit les payer; et quand Mahomet II lui livrera le dernier assaut, faute d'argent dans ses coffres, Constantin XII devra seul en supporter le poids et périra avec son empire. Voilà pour les amis; quant aux ennemis, on pourrait avec de l'énergie, de l'esprit de suite, de la volonté, leur enlever à jamais tout espoir de conquêtes; mais non, l'effort demandé serait trop grand. Au lieu de repousser l'envahisseur, on le paye pour rester en repos; le Basileus, roi des rois, fut longtemps, amère décision, tributaire des « odieux Bulgares », des « féroces Varègues », des Petche- nègues, du Fatimite d'Egypte et de l'émir de Sicile. Telle était la vertu de l'empire d'Orient.

Peut-être, dans les lettres, les sciences, les arts, allons- nous trouver la source de cette force de vie qui a si long- temps soutenu l'empire agonisant? Non, ici comme ailleurs, rien, toujours rien. Pas une seule œuvre originale; tout est compilation et plagiat; ni idée, ni goût, ni vérité. Les biblio- thèques de Constantinople regorgent de livres; on éprouve le besoin de condenser cet amas de manuscrits en un petit nombre d'ouvrages; toute la gent monacale est occupée à cette tâche; on résume, on taille, on tranche et naturelle- ment c'est en général le meilleur qui est laissé de côté.

Voici un traité d'agriculture, les Géoponiques, écrit sous Constantin VII; l'auteur, qui certainement ne connaît rien à la culture, au lieu de narrer ce qui se fait à son époque, a compulsé les livres anciens, et propose aux agriculteurs les procédés primitifs qui avaient cours au temps de Varron; il donne de merveilleuses et inimaginables recettes pour empê- cher les vins de tourner et les fruits de tomber de l'arbre; naturellement, au point de vue pratique, son ouvrage est nul.

S'agit-il d'histoire : il n'y a aucune source qui demeure. Point de journaux, rien de prévu pour la conservation des pièces et diplômes. Aussi quand le Porphyrogénète (¹) veut écrire l'histoire de son grand-père Basile, il nous déclare qu'il va écrire « ce qui n'a pas été entraîné dans le courant du Léthé et ce que la longueur du temps n'a point effacé » (²). Que résulte-t il de tout cela, c'est qu'on ne sait rien de positif; autant de versions que d'historiens, plus d'imagination que de science. Où est la vérité? Il est presque toujours impossible de le deviner. En géographie, le livre des Thèmes nous donne une idée à peu près exacte des divisions de l'empire au xᵉ siècle; mais pour le fond, l'auteur a copié visiblement Hiéroclès contemporain de Justinien, en sorte qu'au lieu de la géographie du xᵉ siècle on a bel et bien celle du vıᵉ.

Le style, au lieu de revêtir cette simplicité de bon aloi qui n'exclut pas l'élégance, est prétentieux et emphatique. Les qualités de netteté, de précision, de clarté qui ont fait la force du droit romain disparaissent : dans leurs constitutions, les empereurs croient devoir faire de longues digressions philosophiques qui n'ont rien à voir avec le sujet et sont souvent parfaitement ridicules.

L'enseignement a toujours été en honneur. Les Universités sont assez nombreuses, mais elles ont souvent à se plaindre du mauvais vouloir des princes et sont presque constamment paralysées dans leurs efforts; parfois même, si elles sont par

---

(¹) Il s'agit de Constantin VII. Le titre de Porphyrogénète était donné à tous ceux qui, fils d'empereur, étaient nés dans la chambre de Porphyre où accouchaient les impératrices, et jamais par suite à un fondateur de dynastie. Constantin fut le premier à le porter des princes de la maison macédonienne, et c'est probablement pour cela que l'épithète est restée accolée à son nom.

(²) Vie de Basile, p. 352.

trop gênantes, on s'en débarrasse par la violence : tel fut le sort de la fameuse académie des treize : Léon III, l'Iconoclaste, n'ayant pu convertir à ses doctrines ces savants religieux, fit mettre le feu à leur école et les brûla tous les treize avec leurs riches collections, et leurs trente-six mille volumes (¹).

L'architecture seule paraît au premier abord ne point être en décadence ; pure illusion. Les édifices éblouissent par leur richesse mais manquent de solidité ; ils sont à peine finis, que déjà des réparations leur sont nécessaires (²). Puis, là comme ailleurs on ne fait rien d'original, on compile. Veut-on construire une église, on se procure les matériaux et les ornements en pillant tous les temples de l'empire : c'est ce qui arriva pour Sainte-Sophie. Veut-on élever un monument à la gloire d'un empereur, on modifie simplement par retranchement, ou addition, une construction déjà existante : c'est ainsi qu'Anastase, voulant perpétuer son souvenir parmi les hommes, fit enlever de la colonne de Théodose Ier la statue de cet empereur, et fit tout simplement mettre la sienne à la place. On ne sait pas respecter l'art ; c'est certainement parce qu'on ne le comprend pas ; et ce n'est encore pas là une qualité pour un peuple.

Ainsi partout, sur tous les terrains, Byzance n'avance point, mais recule ; c'est là le sort de toutes les civilisations trop avancées. Ce qui a tué l'empire c'est sa richesse même ; il était trop abondamment pourvu de tout. Le besoin d'action qui est la vie pour un peuple était inconnu de ces Græco-Romains dégénérés, qui, entouré d'un amas de toutes choses,

---

(¹) *Cédrenus*, I, 795 ; Zonaras, XV, 3.
(²) Vie de Basile, c. 79, p. 322 et c. 80, p. 323. Continuateur sur Const. Porph., c. 21, p. 450.

ne songeaient qu'à en jouir en paix, et à recueillir dans le tas ce qui leur paraissait le meilleur. Pendant qu'une partie de l'empire, croyant travailler à sa gloire, résumait, condensait, compilait, l'autre partie préparait des complots dans l'ombre, ou des séditions sur les marches de l'hippodrome.

Comment une pareille société a-t-elle vécu si longtemps ?

On a dit qu'il fallait en chercher la raison dominante dans son inaltérable croyance en la religion du Christ. Nous ne le pensons pas. Certes, la foi est une force sans égale, elle peut être pour un peuple une raison de vivre, elle permet de faire de grandes choses. Mais ce n'est pas elle qui a sauvé Byzance, plus bigote que croyante, Byzance qui ne connaissait peut-être pas la véritable piété, mais dont le principal vice était une excessive superstition.

Le peuple, les souverains, les savants, les philosophes allaient avec ostentation se prosterner à Sainte-Sophie ; ils embrassaient l'image vénérée de la Vierge, la divine Théotokos ; ils prenaient part à ces magnifiques solennités religieuses où figuraient les prêtres couverts d'or, les châsses étincelantes de pierreries, toutes les richesses innombrables des innombrables basiliques. Mais tout cela n'était que de l'apparat, de l'exagération byzantine : après avoir adoré tout un jour le Saint-Suaire, on rentrait chez soi pour préparer la ruine d'un ami, ou la mort d'un parent. Chacun était presque moine quand il s'agissait de dévotion : en dehors de là, on devenait sans scrupule criminel ou bandit. De plus, tous pratiquaient plus ou moins la magie ; il n'était pas rare de voir les plus grands esprits avoir des relations fréquentes avec le démon ; on craignait peut-être Dieu, mais certainement avant tout on respectait le diable et ceux qui pacti-

saient avec lui. Si quelque funeste évènement avait été pré-
dit, on ne faisait rien pour l'éviter. C'était dans toute sa force
le règne absolu du fatalisme ; or, si l'on ne meurt pas toujours du fatalisme, à coup sûr on n'en vit pas.

En réalité, la croyance des Byzantins était de pure forme :
ils étaient collectionneurs de reliques, et pas autre chose ; et
pour augmenter leurs trésors divins, ils ne reculaient devant
rien, pas même devant le sacrilège : pour orner un temple, on
pillait les autres, on allait même jusqu'à voler. C'est ce qui
arriva pour la main de Saint-Jean. On acheta l'image d'Edesse
sans prendre garde au désespoir des habitants de cette ville
qui, soumis aux Sarrasins, voyaient en cette relique un
appui, un soutien dans leur immense infortune. La religion
des Byzantins avait quelque chose qui rappelle ce que sont
maintenant les religions africaines, si tant est qu'on puisse
leur donner ce nom : c'était le parfait égoïsme, le désir insa-
tiable d'amasser chez soi le plus d'amulettes possible non
point par dévotion, mais pour se préserver du mal. Ils avaient
pris dans le christianisme la superstition, mais tout ce qu'il y
avait dans cette doctrine de grand, de noble, d'idéal leur avait
échappé. Ils n'avaient pas la foi au sens élevé du mot : par
suite, ils n'avaient pas la force.

Du reste la pratique nous montre bien que l'idée religieuse
était dans l'empire d'Orient un levier passager mais non un
foyer de vie. Quel est le peuple véritablement croyant qui
n'aurait pas préféré l'extermination plutôt que de payer un
tribut aux Sarrasins? c'est pourtant ce qui arriva souvent à
Byzance. On voulait bien exterminer « l'impie agarène con-
templeur de la Vierge et des Saints » mais on ne dédaignait
point au besoin de s'allier avec lui contre des peuples chré-

tions : c'est ainsi que sous le règne de l'impératrice Zoé les bandes arabes et les légions grecques ravagèrent de concert la Pouille et la Calabre. Quand des ambassadeurs infidèles venaient à Constantinople, ils y étaient reçus avec plus d'égards peut-être que les autres : ainsi, en 946, on ne trouva pas assez de richesses pour leur faire honneur ; on fit passer sous leurs yeux toutes les curiosités de Byzance ; on leur montra même les reliques les plus précieuses (ceci est caractéristique) ; ils furent admis à la table de l'Empereur et à la première place. D'après les Cérémonies, ils devaient passer avant tous, même avant les Francs (¹).

On voit par tout ce que nous venons de dire que la piété byzantine était plus apparente que réelle ; que cette foi bâtarde n'était point une force ; que la superstition dominante était au contraire une cause de décadence profonde.

La vérité, c'est que l'empire vivait au dedans par sa force d'impulsion, par sa vitesse acquise. C'était une machine dont les rouages solidement trempés avaient été reliés et fixés les uns aux autres en main de maître par le génie romain : le mouvement initial avait été tellement puissant qu'il eut raison pendant des siècles de la force d'inertie des Byzantins, et les préserva toujours de l'anarchie et du démembrement qui en eût été la conséquence fatale. Au dehors, ce qui contribua beaucoup à sauvegarder l'Empire ce fut le respect toujours vivace des barbares pour le nom romain ; mais avant tout et surtout, ce fut l'organisation militaire des frontières.

Aussi bien organisé et aussi fort que soit un pays, quelles que soient ses vertus, et quelles que soient ses croyances, il

(¹) Cérém., II, 52, p. 739.

ne vit qu'à la condition d'avoir des armées suffisantes pour repousser les ennemis du dehors. Or, d'après le tableau que nous avons fait de l'Empire d'Orient, on peut affirmer de suite que ce n'était point parmi les Byzantins que l'on pouvait recruter ces armées.

Les habitants de Constantinople ne pensaient qu'aux jeux et aux festins, aux processions et aux triomphes des généraux et des Basileis. Les cultivateurs des campagnes étaient des gens paisibles qui, au premier signal de l'approche de l'ennemi, se réfugiaient dans la Ville avec ce qu'ils avaient de plus précieux. Si l'envahisseur n'avait pas été arrêté à la frontière, il arrivait sans encombre jusque sous les murs de Constantinople, qui heureusement pour elle eut jusqu'en 1203 la réputation d'être imprenable. S'il n'y avait point eu aux frontières une organisation spéciale et particulièrement forte, les Russes, les Bulgares, les Petchenègues, les Khazars, les Sarrasins eussent campé continuellement sous les murs de Byzance qui aurait bien vite succombé.

Heureusement pour l'Empire, sur toutes ses frontières étaient établis des soldats recrutés parmi les barbares, qui cultivaient des terres que les Basileis leur avaient données, et qui au premier danger formaient des armées qu'on eût essayé en vain de recruter dans l'empire même. La vie était toute aux frontières. Les légions des thèmes akritiques tenaient tête à l'ennemi, le repoussaient jusque dans ses foyers ou se repliaient en bon ordre devant lui; quand ce cordon salutaire était rompu, Constantinople était menacée et plus rien n'arrêtait l'envahisseur; c'est là tout le secret de la longue vie de Byzance, et aussi de la catastrophe finale; le jour où les Turcs furent maîtres de l'Asie Mineure, Constantinople se trouva complètement à découvert par le Sud et l'ennemi arriva sans encombre sous les murs de la ville; cinquante-trois jours de siège en eurent raison.

Donc l'organisation militaire, telle qu'elle existait dans l'empire d'Orient, avait une importance capitale; la création des στρατιωτικὰ κτήματα en était le pivot; ce sont ces biens militaires qui font l'objet de notre étude. Quelle est leur origine? Quels étaient dans le principe leurs caractères distinctifs? Quels en ont été les premiers titulaires? Quels sont les textes du passé qui nous en parlent? Voici des questions que nous ne pouvons nous dispenser d'élucider avant d'en arriver au xe siècle. Pour cela, il faudra nous placer d'abord au temps d'Auguste et dans l'empire d'Occident.

PREMIÈRE PARTIE

Les bénéfices (¹) militaires dans l'empire d'Occident.

CHAPITRE PREMIER

L'INFILTRATION BARBARE

Le recours aux barbares était chose bien ancienne dans l'empire romain. Dès le premier siècle, on n'avait trouvé d'autre moyen de repousser l'ennemi du lendemain que d'armer contre lui l'ennemi de la veille : pour préserver le sol romain de la souillure de l'invasion, on en avait livré une partie aux frères des envahisseurs ; pour éviter la germanisation forcée de l'empire, le peuple roi avait dû tolérer la germanisation pacifique des frontières. C'est qu'il n'était plus roi que de nom ! Tel que ces princes fainéants de la dynastie

(¹) Le mot bénéfice dont nous nous servons ici et dans le cours de notre étude, ne préjuge en rien notre opinion dans la question que nous examinerons plus tard, à savoir s'il y a autre chose que de vagues analogies entre l'organisation militaire byzantine et le système féodal d'Occident. Nous ne voulons pas nous borner à étudier les terres militaires isolément, nous voulons envisager de front cette double idée de propriété foncière et de charge militaire correspondante, et pour comprendre l'un et l'autre dans un même terme, nous n'avons dans notre langue que les mots bénéfice militaire, ou le mot fief ; on verra plus loin pourquoi nous ne choisissons pas le second.

mérovingienne qui quelques siècles plus tard mirent si bas la
monarchie franque, il se reposait sur les autres du soin de
défendre le patrimoine de gloire laissé par les ancêtres, la
splendeur du nom qui avait fait et faisait toujours trembler
les peuples, l'intégrité du territoire immense qui s'étendait
de l'Océan à l'Euphrate, de la mer du Nord aux déserts sablon-
neux de l'Afrique septentrionale, la jouissance paisible des
richesses et des trésors de toutes sortes, dépouilles de toutes
les nations.

Le légionnaire romain avait conquis le monde ; il voulait
jouir en paix des fruits de sa conquête. S'il n'avait point
encore peur des suites éventuelles des batailles, du moins il
était terriblement las : il ne tenait plus à se battre. Les jeunes
hommes qui n'avaient pas connu la rude époque des guerres
sans fin et des conquêtes innombrables étaient plus familia-
risés avec les voluptés asiatiques qu'avec la discipline des
camps ; et cette situation, loin d'être passagère, s'aggravait de
jour en jour. « Le soldat, dit Ammien Marcellin, occupait
ses loisirs à composer des chants d'amour dont la licence
aurait paru déplacée dans une partie de débauche. Il ne reposait plus sur une pierre comme jadis, mais sur la plume et
dans un lit mollement suspendu. Les coupes alors était plus
lourdes que les épées, car chacun eût rougi de boire dans un
vase d'argile. Chacun aussi eût voulu habiter dans des palais
de marbre (¹) ».....; beaucoup désertaient les légions. Et
cependant les Germains serraient de plus en plus les frontières et devenaient chaque jour plus menaçants et plus auda-
cieux. L'heure des résolutions énergiques était passée ; il ne

(¹) Ammien Marcellin, *Rerum gestarum*, XXII, 4 ; édition Gardthausen, Leipzig,
1874-75, 2 vol.

restait plus que deux alternatives possibles : ou acheter la
paix aux ennemis, ou les utiliser dans les armées romaines.
Après des hésitations, Auguste, le premier, se rangea à la
seconde solution.

Puisqu'il ne pouvait plus compter en toute sécurité sur les
légionnaires romains seuls, il pensa à utiliser avec eux les
barbares; il les fit entrer dans les légions, et, pour stimuler
leur courage, pour les intéresser à la vie de cet empire qu'ils
avaient jusque-là considéré comme leur ennemi, pour leur
permettre de trouver les ressources nécessaires à leur équipement et à leur entretien, leur fournissant par ce seul fait
une excuse valable à la lutte fratricide qu'ils allaient entreprendre, l'habile empereur leur distribua en pleine propriété
des terres romaines ; et, ce faisant, il aboutissait à rendre relativement fertiles des terres incultes, à augmenter par cela
même la richesse sociale et à morceler la propriété, dimi-
nuant ainsi le nombre des *latifundia*, cause de stérilité et de
dépopulation.

Les Bataves furent un des premiers peuples établis sur
l'empire dans ces conditions, à charge de défendre les rives
du Rhin. « Aucun tribut avilissant ne leur fut imposé et les
publicains ne les taxèrent pas ; exempts de charges et d'impôts, ils furent mis en réserve pour les combats » [1]. Leur
seule charge était le service militaire, et c'était la contre-
partie de la concession en immeubles qui leur avait été faite.
Sur ces terres, ils avaient été établis en corps de nation, et
la propriété qui leur en avait été attribuée était implicite-
ment donnée aussi à leurs descendants.

[1] Tacite, *Germania*, XXIX. Edition Sidler; Halle, 1884, 1 vol.

Les Ubiens furent traités comme les Bataves : « leur fidé-
lité éprouvée les fit placer sur la rive même du Rhin pour
nous servir de rempart et non pour être nos prisonniers » [1].
Il en fut de même des Mattiaques, des Sicambres et de plusieurs tribus de Suèves.

Les successeurs d'Auguste le suivirent dans cette voie. Ti-
bère céda aux Quades de Maroboduus le territoire situé au
nord du Danube entre le Marus (Morawa) et le Cusus, affluent
du Vag [2]. Claude reçut ces mêmes Quades repoussés par
d'autres barbares au sud du Danube en Pannonie [3]. Marc-
Aurèle établit les Marcomans sur le Danube et le Rhin.
Bientôt les terres romaines en deçà des frontières furent
couvertes de concessions faites aux barbares. Alexandre
Sévère (IIIe siècle) semble même avoir généralisé la pratique suivie par ses prédécesseurs en l'étendant aux vétérans.
C'est ce que l'on peut induire de la généralité des termes employés par Lampride, historien de ce prince : « Le
territoire que Sévère avait enlevé aux ennemis, il le donna
aux ducs et aux soldats des frontières, à la condition que
leurs héritiers seraient aussi soldats, et que ces terres ne seraient jamais données qu'à des militaires » [4].

A la fin du même siècle, Probus « donna à ses vétérans
toutes les passes des montagnes qui conduisent dans l'Isaurie,
en y mettant pour condition que leurs enfants mâles seraient
inscrits dans la milice à l'âge de dix-huit ans » [5].

---

[1] Tacite, *Germania*, XXVIII.
[2] Tacite, *Annales*, II, 63. Edition Draeger ; Leipzig, 1882, 2 vol.
[3] Tacite, *Annales*, XII, 30.
[4] Lampride, *Vie d'Alexandre Sévère*, LVIII.
[5] Vopiscus, *Vie de Probus*, XVI,

Il établit des Germains en Bretagne, des Francs sur les bords du Pont Euxin, 100,000 Bastarnes en Thrace. Julien chargea les Francs Ripuaires de défendre le Rhin. Valentinien donna aux Alamans des terres sur les rives du Pô; Valens reçut en Mœsie les Goths fuyant devant les Huns, et pour prix de l'hospitalité ainsi offerte il fut, deux ans après, attaqué par eux, et, dans la lutte, il tomba sous leurs coups à la bataille d'Andrinople.

Après eux Marcien cantonna les Gépides sur le Danube. Anastase assigna comme lieu de résidence aux Hérules les bords de la Save. Sous Justinien les Lombards furent fixés entre le Danube et la Theiss, les Huns au sud du Danube et les Antes au nord du même fleuve.

Ainsi la politique des empereurs a été constante depuis Auguste : des princes guerriers comme des pacifiques, des politiques avisés comme des débauchés sans principes, il n'en est presque pas un qui n'ait cru devoir introduire et établir sur la terre romaine quelques-uns des innombrables pillards de la Germanie : Francs ou Bataves; Goths ou Gépides; Alamans, Hérules ou Huns.

Le résultat a-t-il répondu aux espérances ? L'histoire nous montre que non; ce qui fut la vie pour Byzance, fut pour Rome un véritable désastre.

Les Barbares reçus au sein de l'empire, plus souvent encore par la force des choses que par la volonté de l'empereur ou bien s'amollissaient au contact de la civilisation romaine et devenaient aussi faibles que ceux qu'ils étaient chargés de défendre, ou bien n'acceptaient que passagèrement un joug qui leur avait été imposé par la force; et alors, après avoir saccagé le pays qu'ils devaient protéger, ils retournaient au milieu de leurs frères libres, ils leurs dévoilaient la profonde faiblesse de l'empire, l'incurie des chefs, l'indiscipline des soldats ; ils leur racontaient tout ce qu'ils avaient deviné de richesses amoncelées, de récoltes luxuriantes, de plaisirs à peine entrevus ; et l'assaut suivant n'en était que plus soutenu, plus violent, plus irrésistible.

Au temps de Justinien cela durait depuis près de six siècles sans qu'on fût plus avancé qu'au premier jour. A part quelrares intervalles où les armes romaines avaient semblé vouloir briller de leur antique éclat, derniers reflets particulièrement brillants mais si courts du flambeau mourant, on avait constamment reculé. Le cercle de fer des hordes germaines avait de plus en plus étroitement enserré l'empire chancelant, jusqu'au moment où Rome elle-même s'était trouvée cernée. La ville éternelle avait été prise et saccagée trois fois ! Les restes de Romulus et d'Auguste, de Camille et de Scipion, avaient dû longuement tressaillir dans leur tombe de douleur étonnée et de folle épouvante ! Et l'empereur d'Orient Zénon s'était estimé heureux de recevoir à Constantinople non point les Hérules eux-mêmes, mais les ambassadeurs d'Odoacre venant lui demander pour le vainqueur de l'Italie le titre de patrice et l'investiture impériale.

Voilà où avait conduit Rome la politique de capitulation constante, la politique du recours à l'ennemi contre l'ennemi, jamais digne, presque toujours préjudiciable. L'empire d'Occident n'était plus qu'un souvenir, l'empire d'Orient était assailli de tous côtés ; des barbares partout, aux frontières comme au cœur des provinces ; les uns parqués ici où là par la volonté du prince après quelque terrible défaite, les autres appelés comme un secours à des moments de trouble ou de

danger imminent, la plupart venus sans qu'on le leur deman-
dât et traités malgré cela comme si on les eût appelés. Pas
une province qui ne fût contaminée! Pas une ville où on ne
rencontrât à côté de la toge romaine le casque paré d'ailes
d'aigles ou de cornes de buffles du soldat germain !

Malgré cela, ou plutôt à cause de cela, l'empire d'Orient,
lui, vécut. Ce qui emporta Rome, ce fut un hasard, une crise.
Byzance plus heureuse obtint un sursis de la Destinée et ainsi
elle put franchir l'obstacle; quelques années de survivance
lui permirent d'absorber les barbares et de confisquer à son
profit leur force, leur bravoure, et leur génie.

CHAPITRE II

Nous venons de voir dans quelles conditions les Barbares avaient été reçus dans l'empire, comment on avait eu tort de trop généraliser cette pratique dont l'usage modéré aurait pu être le salut, mais dont l'abus avait entraîné d'irréparables désastres, comment enfin on avait distribué des terres aux vétérans romains. Il nous faut maintenant étudier la situation juridique de ces colons militaires; rechercher quels étaient leurs droits, quelles étaient leurs obligations; nous demander aussi quelle était la condition des terres qui leur avaient été concédées. Dans cette étude rapide et concise, nous nous baserons spécialement sur les textes déjà cités de Tacite, de Lampride et de Vopiscus et sur les constitutions des empereurs qui nous sont parvenues dans le livre VII, titre XV du code Théodosien, et dans le livre XI, titre LIX du code de Justinien.

Et d'abord disons que ces militaires établis sur la terre romaine l'étaient à des titres bien différents, et qu'à ce point de vue on peut les diviser en trois classes, les deux premières comprenant exclusivement des Barbares, la troisième des Barbares et des Romains. En effet, certaines parties de l'empire avaient été occupées de vive force par les hordes ennemies; d'autres avaient été données en bloc à des nations devenues ainsi alliées ; enfin des terres avaient été distribuées aux guerriers barbares pris individuellement et aux vétérans des légions impériales, Barbares ou Romains.

Pour ceux qui étaient venus s'installer de leur propre volonté sur les terres de l'Empire sans y avoir été priés par le prince, il ne saurait naturellement être question ni de droits ni d'obligations. Au point de vue du droit romain, c'étaient des usurpateurs et pas autre chose : ils étaient hors la loi, assimilés aux bêtes sauvages des forêts de Germanie ; ils ne constituaient pas des personnes juridiques et ne pouvaient valablement posséder. On pouvait impunément attenter à leur liberté et à leur vie, et même ce faisant on se conduisait en bon citoyen. Ils n'avaient aucun droit sur les terres occupées : on pouvait les leur ravir et même on le devait. N'ayant pas de droits, ils n'avaient partant aucune obligation, ci ce n'est celle de quitter les lieux et de retourner au plus vite d'où ils étaient venus.

Tel était le droit. En fait, les choses étaient toutes différentes. Les Barbares traités d'usurpateurs acceptaient philosophiquement l'épithète. Ils s'étaient établis par la force, ils se maintenaient par la force ; là était le point capital ; ils se trouvaient bien sur la terre romaine, ils y restaient. L'empereur, le sénat, les juristes pouvaient fulminer contre eux ; qu'importe ? Ils arrivaient, s'installaient sur un territoire qui leur paraissait particulièrement fertile, se partageaient les terres et faisaient travailler pour leur compte les anciens possesseurs ; en général, ils étaient dérangés davantage par les hordes arrivant après eux que par les légions. Rome comprenait parfaitement qu'il était préférable de laisser faire ; les premiers envahisseurs une fois chassés étaient aussitôt remplacés par d'autres ; mieux valait ne pas les inquiéter et s'en servir comme de boulevard. Aussi les usurpateurs étaient bientôt reconnus comme légitimes propriétaires, ils devenaient des alliés, des amis ; leurs chefs étaient nommés sénateurs et patrices ; désormais ils avaient l'honneur de défendre l'empire romain.

Nous arrivons ainsi à la seconde classe de possesseurs militaires ; les Barbares établis dans l'empire, en corps de nation, dans certaines conditions, et sous certaines charges (¹). Ce sont d'anciens envahisseurs dont on a fini par reconnaître la situation acquise, ou des peuples vaincus qu'on a transportés dans telle ou telle province, ou bien encore des ennemis éventuels que l'on a appelés, dont on s'est fait des alliés et à qui on a donné des terres. Tous ont ceci de commun, c'est qu'ils sont propriétaires légitimes, et ce qu'ils ont reçu a été donné non à eux individuellement, mais à la collectivité dont ils font partie. Ils ont des droits ; ils ont des obligations.

Parlons d'abord des droits. Ces soldats propriétaires étaient-ils citoyens romains ? Certainement non, en principe ; nous savons, en effet, que la constitution de Caracalla, pleinement efficace pour tous les sujets de l'empire au moment de sa promulgation, ne visait en rien l'avenir. Et ce qui vient fortement étayer cette façon de voir, c'est une constitution (²) de Valentinien (370) qui prohibe d'une façon absolue le mariage entre Romains et Barbares et édicte comme sanction la peine capitale. Cette prohibition tomba du reste assez vite en désuétude ; on obtint d'abord facilement des dispen-

(¹) Fustel de Coulanges, *Institutions politiques de l'ancienne France. L'invasion germanique*, p. 365 et 381 s.

(²) Code Th., III, XIV, 1.

ses par rescrit impérial; à partir d'Honorius, les demandes de dispense ne furent même plus nécessaires et Justinien jugea inutile d'insérer au code une constitution qui était tombée à l'état de lettre morte.

Nos barbares eurent donc le *connubium* (¹), ils acquirent presque aussi facilement le *commercium*. La collectivité était propriétaire légitime des terres données, et il est permis de croire que les Romains ne s'étaient pas occupés du partage entre les individus, si tant est qu'il y ait jamais eu partage. Rome avait fait abandon d'une étendue déterminée de territoire, elle demandait en échange certaines prestations; les détails devaient lui être certainement indifférents; tant que ces prestations étaient remplies, elle laissait les Barbares jouir en paix de leurs terres, et c'était tout.

A ces droits correspondaient des obligations. Si les nations installées dans l'empire ne payaient pas de tribut, comme nous l'avons déjà vu (²), à l'exception cependant de celles que Rome avait vaincues, elles étaient tenues d'une charge non moins onéreuse, celle de fournir à l'Empire un nombre déterminé de soldats, équipés d'une certaine façon, et appartenant, dans des proportions fixées, aux différentes armes. Ce fut dans ces conditions que les Goths fournirent constamment, depuis le règne de Constantin jusqu'à celui de Justinien, un contingent de 40,000 hommes. Tant que les barbares prestèrent leurs charges, leur droit de propriété leur fut reconnu et conservé; du jour où ils y manquèrent, on leur retira les concessions faites, du moins tant que l'étoile des

(¹) Garsonnet, *Histoire des locations perpétuelles*, p. 170; F. de Coulanges, *L'invasion germanique*, p. 399, note 1.

(²) Tacite, *Germania*, XXIX.

armées romaines ne fut pas à ce point pâlie qu'on ne pût châtier des alliés ayant trahi.

A côté des tribus ennemies se maintenant par la force en deçà des frontières, à côté des nations alliées légitimes propriétaires de parcelles du territoire romain, il y avait les individus isolés à qui des terres avaient été concédées : *gentiles, læti,* et vétérans, anciens légionnaires barbares ou romains, soldats venus on ne sait d'où pour demander du service et en échange l'hospitalité, prisonniers particulièrement valeureux dont on n'avait voulu faire ni des esclaves ni de simples colons, et qui étaient devenus des tenanciers militaires. Leur situation a été réglée par plusieurs constitutions, et leurs droits protégés dans la mesure où cela était utile pour l'Empire.

En ce qui concerne le droit des personnes, certainement les *gentiles* n'eurent dans le principe que la liberté sans droit de cité ni de famille : mais, bientôt, plus facilement et plus vite encore que les *fœderati,* ils durent acquérir tous ces droits. Nous avons surtout à nous occuper de leur situation juridique en tant que soldats propriétaires de *fundi militares,* et nous devons en même temps étudier la condition de ces fonds.

Les biens militaires étaient naturellement des terres de rapport, terres labourables, prairies, marais (¹); ils étaient toujours situés aux frontières ; c'était en effet là qu'il y avait le plus besoin de résistance ; puis on avait très justement pensé que le soldat voyant son patrimoine perpétuellement menacé aurait d'autant plus de courage et d'énergie pour arrêter l'envahisseur. Alexandre Sévère, dit Lampride, dis-

(¹) C. J., XI, 59,

tribua des terres aux soldats des frontières « *dicens attentius hos militaturos si etiam sua rura defenderent* » ([1]).

On distinguait les *fundi limitrophi* ou *agri limitanei*, et les *loca castellorum* ou *agri castellani*. Les premiers étaient les fonds placés en deçà des lignes défensives appelées *limites*, d'abord simples lignes de palissades, puis véritables fortifications faites de constructions en terre ou en maçonnerie protégées par des fossés. Les *agri castellani* étaient ceux qui entouraient les forteresses ou fortins isolés et qui étaient donnés aux défenseurs de ces positions. Il n'était du reste pas rare de voir les *agri limitrophi* et les *agri castellani* confondus ou à peu près, car, presque partout, les divers retranchements étaient reliés entre eux par des forts, les *limites* ne donnant qu'une sécurité toute relative et bien passagère, les *castella* permettant au contraire une résistance prolongée et sérieuse.

Sur ces fonds militaires, les *gentiles* et les vétérans avaient non un simple droit d'usage, mais un véritable droit de propriété perpétuellement transmissible aux héritiers mâles ; seulement ce droit de propriété était résoluble pour inexécution des charges diverses que nous étudierons tout à l'heure ; et d'autre part, si les propriétaires avaient indubitablement le *jus utendi* et le *jus fruendi*, ils n'avaient certainement pas en principe le *jus abutendi :* nous insisterons davantage sur ce point quand nous aurons à nous occuper des obligations des possesseurs de fonds militaires.

On devenait propriétaire d'*agri militanei* de diverses façons : par occupation, par concession, par transmission.

D'abord par occupation : on pourrait en douter fortement à

([1]) Lampride, *Vie d'Alexandre Sévère*, LVIII,

la lecture du texte d'une constitution d'Honorius rendue en
399 (¹) qui semble dire que les terres létiques peuvent devenir l'objet d'un droit de propriété seulement s'il y a eu
donation du prince. Mais si nous lisons plus attentivement le
texte, nous nous apercevons facilement qu'Honorins n'a
voulu en aucune façon prohiber les autres modes d'acquérir
des *fundi militares;* il a su simplement que certains militaires
avaient reçu une étendue de terrain plus vaste que de raison,
que d'autres dont le lot avait été dans le principe équitable-
ment mesuré, avaient jugé bon de l'arrondir par l'adjonction
de parcelles voisines; c'est contre ce double danger que
l'empereur veut sévir, en décidant que des inspecteurs spé-
ciaux seraient envoyés aux frontières pour réduire chacun
aux strictes limites de ce qui lui revenait. Mais son intention
n'a pas été de proscrire l'occupation en notre matière. Et ce
qui le prouve surabondamment, c'est une seconde constitution
du même prince, de 409 (²), qui non seulement admet
l'occupation, mais qui aussi valide dans une certaine mesure
l'usurpation, fût-elle absolument injustifiée. Il est visible
dans ce texte que la première préoccupation de l'empereur
est de veiller à ce qu'avant tout le rempart ne reste pas sans
défenseurs; pour cela, avec l'organisation militaire en vigueur,
il fallait que les *fundi limitrophi* ne restassent pas sans possesseurs; et alors il n'était peut-être pas très équitable de ne
pas protéger pleinement le premier titulaire, qui, en somme,
avait le droit pour lui, mais la loi était si peu respectée aux
frontières, la situation y était si troublée, il était si difficile
avec la mobilité naturelle des Barbares de savoir quel était

(¹) C. Th., XIII, 11, 10.
(²) C. Th., VII, 15, 1.

celui qui avait été dans le principe régulièrement investi, que vraiment on pouvait, pour une fois, sans trop de remords, se permettre une légère atteinte à la raison et à l'équité : aussi pourvu que le fond fût cultivé et le service assuré, Honorius, par la constitution que nous étudions, s'engageait à fermer les yeux ; le nouvel occupant était propriétaire et devait désormais le service, le véritable ayant droit restait définitivement évincé. Et le texte est très clair ; il s'agit d'usurpateurs, d'individus de mauvaise foi qui ont dépossédé le légitime possesseur; *a fortiori* un soldat de bonne foi qui appréhende une terre inculte dont le propriétaire a disparu et qui est restée sans maître, a-t-il un véritable droit de propriété sur elle. Nous pouvons donc dire à bon droit que l'occupation était dans la législation romaine, du moins sous Honorius, un mode normal d'acquérir un fonds militaire.

Nous ne contestons pas pour cela qu'au contraire de ce qui se passe en droit civil ordinaire, le mode originaire d'acquisition des terres létiques ait été non point l'occupation, mais bien la concession. Les premiers fonds militaires avaient été certainement constitués par donation du prince; dès ce moment avait été créée une propriété d'un genre tout nouveau, pouvant donner lieu à l'occupation en dehors des cas admis et transmissible dans des conditions qui n'étaient pas celles du droit commun. La concession resta du reste le mode par excellence, le mode normal de constituer la propriété militaire. Dans tous les cas, un fonds quelconque n'acquit jamais la qualité de *fundus militaris* que par la décision du prince.

Un soldat pouvait donc devenir propriétaire de terrains militaires par l'occupation et par la concession; il pouvait aussi acquérir les mêmes avantages par succession. Comment

succédait-on aux *fundi militares?* Il y avait là-dessus des
règles toutes particulières. En première ligne venaient les
héritiers mâles et en âge de porter les armes, c'est-à-dire âgés
de plus de seize ans (¹); à la mort de leur ayant cause, ils
devenaient de droit propriétaires, mais toujours dans les
mêmes conditions et avec les mêmes charges que lui. Si le
soldat propriétaire ne laissait à sa mort qu'une fille, il est
permis de penser, si elle était mariée, que le gendre, soldat
déjà ou devenant soldat par ce fait, rentrait de plein droit
dans le patrimoine militaire du défunt; si ce n'était pas à
titre de succession, c'était sûrement à titre d'occupation. Il
pouvait se faire enfin que le militaire ne laissât à sa mort
aucun parent; dans ce cas, la terre était donnée à un autre
par le prince (²), ou bien directement appréhendée par le
premier venu; le plus souvent une sorte de succession devait
s'ouvrir en faveur des compagnons d'armes n'ayant pas encore
reçu des terres, ou ayant été dépossédés.

Telles étaient les différentes façons d'acquérir les fonds
militaires; nous avons étudié la nature de ces fonds, les avantages que le soldat en retirait, les droits qui lui étaient reconnus; voyons comment ces droits étaient protégés.

Faisons d'abord cette réserve, c'est que si les usurpateurs
étaient punis d'une façon certainement excessive, la peine ne
les atteignait que s'ils étaient des civils; en sorte que, même
dans ce cas, ils avaient toujours un moyen, d'une part, d'éviter un châtiment et, d'autre part, de conserver la propriété
mal acquise; c'était de se faire soldat et de contribuer à
l'avenir à la défense des limites et à l'entretien du rempart.

(¹) Lampride, *Vie d'Alexandre Sévère*, LVIII.
(²) C. Th., VII, 15, 1.

Deux constitutions d'Honorius, de 409 et de 423 ([1]) nous auto-
risent sans conteste à donner cette solution, qui, nous l'avons
déjà dit, sans être équitable avait du moins le mérite d'éviter
presque toujours que les terres létiques fussent inoccupées et
partant que les remparts restassent déserts. Donc, dans ce
que nous allons dire, nous entendrons par usurpateur le civil
qui s'est emparé de la terre, qui ne veut point l'abandonner,
et qui entend ne prester en aucune façon les différents services
exigés comme contre-partie de la possession ; le soldat, lui,
fût-il un voleur, est considéré comme légitime propriétaire.

Cette remarque faite, remarque d'un immense intérêt,
puisqu'elle montre qu'on avait pensé exclusivement à la
bonne défense des frontières et pas du tout à la protection
de la propriété, disons que les droits des *gentiles* étaient sérieusement protégés contre les usurpateurs civils restés civils. En effet, dans ce cas, le véritable propriétaire conservait son droit malgré tout et indéfiniment ; aucune prescription ne pouvait lui être opposée : elle ne courait pas contre
lui. Il pouvait toujours, lui ou ses héritiers, revendiquer son
bien en tout état de cause. S'il l'avait vendu, la revendication
était encore possible, seulement alors l'acheteur avait contre
lui une action en restitution du prix ; tout ceci résulte de deux
constitutions, la première d'Honorius (423), la seconde de
Valentinien III (443) ([2]).

En ce qui concerne la constitution de Valentinien, on pourra
nous objecter qu'il n'y est dit en aucune façon que les usurpateurs civils seuls seront châtiés, et qu'au contraire il semble résulter de la lecture du texte que l'empereur a voulu

([1]) C. Th., VII, XV, 1 et C. J., XI., 59, 2.
([2]) C. J., XI, 59, l. 2 et 3.

sérieusement protéger le soldat possesseur de terres et le garantir de toute espèce d'empiètement de la part de qui que ce soit ; c'est en effet là, la première impression produite. Mais on peut penser avec raison que depuis la constitution d'Honorius de 409, formelle en notre sens, le temps écoulé n'était pas si considérable (34 ans), ni les conditions tellement changées (elles étaient absolument les mêmes) que Valentinien, rompant avec la tradition, eût cru devoir s'occuper des droits d'individus qui, après tout, étaient des barbares, alors que le salut de l'empire était assuré sans eux. Puis si nous considérons attentivement le texte, nous voyons que Valentinien veut que les *agri limitanei* soient toujours cultivés par les soldats des frontières, et qu'il ne sévit que contre tous autres possesseurs. Enfin la constitution d'Honorius de 423, relative aux biens entourant les forts, vient appuyer notre manière de voir d'une façon qui nous paraît décisive quand elle décide que l'usurpateur sera puni de mort, seulement s'il est civil ou soldat non *castellanus,* ce qui implique bien que s'il est *castellanus* il restera absolument impuni et sera reconnu comme légitime propriétaire.

Nous en arrivons ainsi à rechercher quelle différence existait entre le soldat des limites et le soldat des forts. Et d'abord y avait-il une différence ? certainement oui, en fait comme en droit. En fait, le premier défendait les tranchées et les ouvrages peu importants ; le second avait la garde des forteresses, centres de résistance, comme nous l'avons vu plus haut. En droit, deux constitutions déjà citées nous montrent d'une façon certaine qu'il y avait opposition entre ces deux sortes de militaires. La constitution d'Honorius de 423 nous parle exclusivement des *milites castellani*, d'autre part la constitu-

tion de Valentinien III de 443 ne s'occupe que des possesseurs *d'agri limitanei* : ce sont donc des textes différents qui
s'occupent de ces deux classes de soldats ; de plus, ces textes
contiennent des dispositions différentes. Or dans la constitution *Hæc quæ necessario* qui ordonne la confection du code et
nomme les jurisconsultes chargés de ce soin, l'empereur Justinien recommande à ces derniers de « supprimer les dispositions semblables, *contradictoires* ou tombées en désuétude ».
Si les deux lois que nous envisageons ici, et qui donnent des
solutions non identiques se rapportaient à la même hypothèse,
certainement elles seraient contradictoires, ce qui est d'autant
plus invraisemblable qu'elles se suivent immédiatement. C'est
encore là une des raisons, et elle nous paraît irréfutable, sur
lesquelles nous nous basons pour penser que l'on avait fait
entre les deux classes de soldats des frontières une différence
bien marquée.

Il est manifeste qu'on a voulu traiter avec beaucoup plus
de bienveillance, et protéger plus efficacement le propriétaire
de *territoria castellorum*. Il peut revendiquer en tout état de
cause le champ dont il a été dépossédé, et non seulement contre le civil, mais aussi contre tout militaire quel qu'il soit,
sauf cependant contre un *miles castellorum*. De plus, l'usurpateur, toujours s'il n'est pas *castellanus* et s'il ne veut pas le
devenir et concourir ainsi à la défense du fort, est puni de la
peine capitale.

On peut se demander la raison d'une rigueur pareille : il
est assez facile de la trouver. Le criterium ici c'est que les
castella étant des points stratégiques d'une importance toute
particulière, il fallait soigneusement veiller à ce qu'ils eussent
constamment le nombre voulu de défenseurs ; c'est que aussi

le *miles castellanus* était en temps de guerre particulièrement éprouvé; alors que le simple *miles limitaneus* avait toujours la suprême ressource de se replier devant l'ennemi en emmenant avec lui sa famille, ses bestiaux et ce qu'il avait de plus précieux, le malheureux *castellanus* devait se renfermer dans le fort à la défense duquel il était chargé de contribuer; depuis les remparts, il voyait sa maison brûlée et ses champs ravagés et, finalement, la forteresse rendue, il était mis à mort avec tous les siens. C'est certainement pour ce double motif qu'Honorius a voulu protéger plus sérieusement le soldat des forts et qu'il a décidé que les champs entourant ces forts ne resteraient pas entre les mains du premier venu, mais seraient exclusivement en la possession de *castellani*.

Laisser sur ces terres des civils ou des soldats qui ne se seraient chargés de protéger que les *limites* et qui n'auraient eu ni la volonté de défendre le fort, ni peut-être la capacité et les connaissances nécessaires, c'eût été gravement compromettre la sécurité de l'empire; c'eût été aussi sacrifier les plus dévoués et les plus capables à ceux qui ignoraient l'art de défendre une place ou qui ne voulaient point s'en charger, aussi les usurpateurs de ce genre étaient impitoyablement mis à mort. Que si, au contraire, le nouveau possesseur même de mauvaise foi, même installé sur la terre par violence pouvait et voulait bien faire un *castellanus,* alors plus de peine capitale, plus de confiscation de biens; l'ancien propriétaire était gravement lésé, mais puisque la défense était assurée, tout était au mieux; on ne reconnaissait de droits aux *gentiles* que quand il y avait à cela quelque intérêt pour l'Empire; c'était la règle; personne ne songeait à s'en étonner.

Bien différente était la situation du *miles limitaneus* proprement dit. Nous l'avons vu, son rôle avait moins d'importance et la guerre le laissait bien moins éprouvé. Aussi était-il bien moins protégé. Il ne pouvait pas usurper le champ d'un *castellanus*, sans encourir la peine capitale; au contraire, un *castellanus* pouvait le chasser de sa terre, s'y installer en maître, s'asseoir à son foyer et consommer ses récoltes, et tout cela sans être aucunement inquiété. C'est seulement quand l'usurpateur était un civil, que le soldat dépossédé avait le droit de demander à la loi sa protection; il pouvait alors revendiquer sa terre sans crainte qu'on lui opposât la prescription; mais le ravisseur n'était jamais que proscrit et non puni de mort, tant il est vrai qu'on avait voulu faire une différence très marquée, entre le *miles limitaneus* proprement dit et le *miles castellanus*, et que c'était tout au profit de ce dernier qu'on avait fait cette différence; nous avons déjà dit que le motif en était peut-être l'humanité, mais à coup sûr et avant tout, la raison d'Etat.

Si la législation romaine n'avait pas protégé avec toute l'équité désirable le droit de propriété des soldats des frontières, en revanche, elle avait imposé à ces soldats des charges nombreuses et parfois fort lourdes, et en première ligne le service militaire. Nous avons vu en quoi consistait ce service dans les *castella*, nous n'y reviendrons pas. Quant aux soldats possesseurs d'*agri limitanei*, ils devaient défendre les limites (¹) nous savons dans quelles conditions; ils combattaient parfois isolés pour repousser les pillards barbares, et cela devait leur arriver fort souvent vu l'insécurité des frontières à cette époque; ils se réunissaient aussi en corps

---

(¹) C. Th., VII, XV, 1.

et luttaient alors contre les armées ennemies sous les ordres de leurs ducs et de leurs *præpositi limitum* (¹).

Si tous avaient à défendre soit les retranchements, soit les forteresses des frontières, là ne se bornaient pas leurs obligations; ils devaient aussi les entretenir (²). Quand un ouvrage quelconque paraissait trop faible, ou tombait en ruines, ou avait été par trop éprouvé par des assauts répétés, ce n'était ni le fisc, ni l'*ærarium*, ni l'armée qui se chargaient de faire des constructions neuves ou de réparer la brèche; ce soin incombait exclusivement aux *limitanei* et aux *castellani*, chacun en ce qui concernait le fort auquel il était attaché, ou la partie de retranchement qu'il était chargé de desservir. La constitution d'Honorius de 409 ne s'explique pas sur l'étendue de l'obligation ainsi imposée aux soldats des frontières; elle dispose d'une façon tout à fait générale, aussi est-on fondé à penser que le *miles* devait à ce sujet les différentes prestations possibles; la main-d'œuvre d'abord, cela est incontestable; les matériaux s'il était possesseur de carrières ou de forêts; le transport de ces matériaux. De cette façon la défense était à peu près assurée; on ne s'était pas contenté de chercher à éviter que les remparts ne fussent déserts, on avait aussi pris des mesures pour que les remparts eux-mêmes ne vinssent pas à faire défaut. Ajoutons que le soldat des frontières, du moins en ce qui concerne les vétérans établis par Probus dans les défilés de l'Isaurie, étaient tenus de faire inscrire dans la milice leurs enfants mâles âgés de plus de dix-huit ans (³).

(¹) Cagnat, *L'armée romaine d'Afrique*, p. 741; Böcking, *Notitia dignitatum*, p. 514.

(²) C. Th., VII, XV, 1.

(³) Vopiscus, *Vie de Probus*, XVI.

A cette obligation de prester le service militaire venait se joindre celle de cultiver la terre concédée. On pourrait le nier, car aucun texte n'en parle : mais à notre avis, cette absence de texte ne prouve rien. Un point indéniable, c'est que les empereurs virent dans la constitution des bénéfices militaires un moyen de rendre à la culture de grandes étendues de terres qui restaient stériles au grand préjudice de tous. Ils donnèrent des terres non pour qu'on les laissât en friche, mais pour qu'on les cultivât. Alexandre Sévère donna aux soldats des frontières non seulement des champs, mais des animaux et même des esclaves pour mettre ces champs en culture (¹). D'autre part, une constitution de Valentinien, Valens et Gratien, bien relative à notre matière, puisqu'elle se trouve au code de Justinien, au titre *de fundis limitrophis* (²), déclare qu'en donnant des concessions aux frontières, on pensa ainsi y développer la culture du froment. Donc il est bien indéniable, et, outre les textes, le bon sens le dit assez, que les terres frontières étaient données aux soldats pour être cultivées. Mais la culture était-elle obligatoire ? oui certainement. Si elle ne l'était pas dans la lettre des constitutions impériales, elle le devenait presque toujours en fait et voici pourquoi : Le *limitaneus* avait, nous l'avons vu, des charges fort lourdes. Pour pouvoir supporter ces charges, il lui fallait des ressources importantes, et c'est justement afin qu'il pût se procurer ces ressources et aussi qu'il pût vivre, qu'on lui avait donné un champ. Dès lors, si le champ restait inculte, le soldat ne pouvait plus s'entretenir et s'équiper, il ne pouvait plus rem-

---

[¹] Lampride, *Vie d'Alexandre Sévère*, LVIII « Addidit sane his et animalia et servos ut possent colere quod accéperant ».

[²] C. J., XI, 59, 1.

plir son service dans les conditions voulues ; il devenait inutile et il était chassé ; car la caractéristique des *fundi militares,* c'est qu'ils ne pouvaient appartenir qu'à des militaires rendant tous les services compétant à leur métier. Si le soldat voulait rester propriétaire, il était forcé de cultiver son champ ; et nous pouvons dire que la mise en culture des *agri limitanei* était dans cette mesure parfaitement obligatoire.

Après cet exposé, on peut se rendre compte de la multiplicité des devoirs et du poids des obligations imposés aux *limitanei.* Mais il faut reconnaître que leurs charges étaient largement compensées par les avantages particuliers qui leur étaient conférés. Devenir plein propriétaire d'immeuble quand on ne possédait la veille qu'une lance et une cuirasse, ne pas payer d'impôts quand tout l'Empire en était écrasé, jouir de la civilisation romaine au sortir de la plus profonde barbarie, et en sus de cela continuer à se battre, plaisir divin si goûté chez les Barbares, tout cela ne manquait pas d'un puissant attrait. Aussi, l'usage des bénéfices militaires, loin de s'affaiblir, devait au contraire, comme nous le verrons, se multiplier et s'étendre, et subsister dans l'Empire jusqu'à la prise de Constantinople.

Telles furent les origines des bénéfices militaires dans l'empire romain. A l'époque où se termine cette étude historique, l'empire d'Occident est tombé ; toute la vie s'est réfugiée à Constantinople. Justinien, le dernier, au livre XI, titre 59 de son code, nous apporte des documents juridiques sur la question des terres militaires. Désormais les textes nous font défaut, et si l'on excepte un court chapitre des *Ba-*

siliques ([²]) qui nous montre que la situation à notre point de vue n'a pas changé et qui, en dehors de cela, ne nous apprend rien de nouveau, nous pouvons dire que de Justinien à Constantin Porphyrogénète, c'est-à-dire pendant quatre siècles, les empereurs ne se sont pas préoccupés de la situation des bénéfices militaires et de leurs détenteurs, et que par suite les choses sont restées en l'état.

Nous arrivons ainsi à la partie principale de notre étude : *Les bénéfices militaires au* x[e] *siècle*.

([1]) *Basiliques*, liv. 55, tit. VI, ch. II, (Heinbach, t. V, p. 147).

DEUXIÈME PARTIE

Les bénéfices militaires dans l'empire d'Orient.

———

En commençant l'étude des bénéfices militaires au xe siècle, il nous faut rechercher quelle était à cette époque l'étendue de l'Empire, quelles étaient les frontières à défendre, et quels étaient les défenseurs chargés de cette mission. Ce sera là l'objet des deux premiers chapitres qui vont suivre.

CHAPITRE PREMIER

L'EMPIRE BYZANTIN AU Xe SIÈCLE. SON HITOIRE. SON ÉTENDUE. SES VOISINS

I. Depuis 867, la dynastie macédonienne régnait à Constantinople. Le début du xe siècle avait vu l'avènement de Constantin VII Porphyrogénète, petit-fils de Basile le fondateur de la dynastie, et fils de Léon le Philosophe sous le règne duquel avaient été rédigées les Basiliques.

Le long règne de Constantin (911-959) fut peu brillant; après être resté un an sous la tutelle de son oncle Alexandre et sept ans sous celle de sa mère Zoé, le Porphyrogénète fut pendant vingt-cinq années relégué au second rang par l'usurparteur romain Lécapène et par les fils de celui-ci dont il ne se débarrassa qu'en 944. Ce ne fut ni un grand guerrier, ni un profond politique, mais un homme paisible et amoureux de l'étude, en qui la postérité n'a ni à blâmer des vices exagérés ni à louer de grandes vertus. On lui a attribué une foule d'ouvrages dont beaucoup, ainsi que l'a démontré la critique, ne sont pas de lui ; mais ce qu'on ne peut lui contester c'est le mérite d'avoir favorisé le développement des lettres et des sciences, mérite auquel il ajouta celui de s'occuper avec un soin jaloux de deux questions particulièrement importantes à cette époque : d'une part la dépopulation des campagnes et les empiètements continuels des puissants qui avaient rendu si irritante la question sociale dans l'Empire; d'autre part la situation des soldats des frontières et de leurs στρατιωτικὰ κτή-ματα, le bon fonctionnement de cette organisation excellente qui était pour Byzance la principale condition de vie.

A Constantin probablement mort empoisonné succéda son fils et son meurtrier Romain II le Jeune à qui le Basileus défunt avait fait donner, sous sa propre direction, une éducation des plus soignées, par les maîtres les plus remarquables de l'époque, éducation qui lui profita si peu. Son règne très court (959-963) fut brillant à l'extérieur; pendant qu'il passait ses journées dans les chasses et les plaisirs, des généraux habiles repoussaient les terribles ennemis Sarrasins dont les progrès avaient été incessants sous le précédent règne. Nicéphore Phocas, domestique des Scholes, s'emparait de la Crète, qui depuis longtemps était au pouvoir des Arabes d'Espagne, plus exactement de l'émir Kouroupas devenu presque indépendant; puis envoyé ensuite dans les Thèmes d'Asie, secondé par Jean Zimiscès son vaillant lieutenant, il faisait subir à l'émir d'Alep, Seiff-Eddauleh, de sanglantes défaites.

Pendant le reste du x⁰ siècle, le trône de Byzance est occupé par Basile II qui meurt seulement en 1025. Le jeune Basileus qui devait au siècle suivant détruire la puissance des plus intraitables ennemis de l'Empire et recevoir le surnom de tueur de Bulgares resta bien effacé pendant toute la première partie de son règne. Placé avec son frère Constantin sous la tutelle de leur mère Théophano, Basilissa d'une beauté satanique, ayant une âme de démon, criminelle intrigante qui fut, s'il faut en croire les historiens du temps, l'instigatrice du meurtre de Constatin VII, l'auteur de la mort de Romain II son premier mari, l'âme du complot qui aboutit à l'égorgement de son second époux Nicéphore Phocas, il dut subir de 963 à 976 l'usurpation de ce dernier, puis celle de Jean Zimiscès, qui, remarqué par Théophano, avait été la cause première de la triste fin de Nicéphore, le principal chef du complot, l'auteur certain du meurtre, et qui fut, au grand désespoir de la Basilissa trompée en ses infâmes calculs, le seul bénéficiaire de cette sanglante tragédie.

Bien qu'usurpateurs, bien qu'ayant ramassé leur pouvoir dans toutes ces turpitudes, le pieux Nicéphore et le brillant Zimiscès sont dans l'histoire de Byzance de grandes figures. Guerriers de valeur et généraux heureux, ils étendirent les frontières de l'Empire et firent trembler ses ennemis devant leurs armées victorieuses. Mais ce que celui-ci semble avoir eu de plus en éclat, celui-là le posséda certainement en profondeur de vues et en sens politique. Rien ou à peu près rien ne nous est resté de Zimiscès en matière de législation; au contraire Nicéphore s'occupa des militaires, qui étaient la force de l'Etat, pour améliorer leur situation, et des monastères, qui étaient une cause de ruine, pour limiter leur puissance et empêcher l'accroissement indéfini de leurs richesses. Ce fut un prince réformateur ; il a eu le mérite de vouloir diminuer le nombre croissant des moines « cette grande plaie de l'Eglise orthodoxe » (¹) qui menaçait d'absorber tout l'Empire ; pour cela il fallut à ce prince dévot un très réel courage ; il y perdit l'appui de la gent monacale et ce fut la source de son impopularité injustifiée. Jean Zimiscès au contraire fut seulement un soldat ; en matière de politique interne, il se borna, ou à peu près, à rapporter la partie principale, pourtant si utile pour l'Etat, de la législation de Nicéphore.

Tels furent les princes qui se succédèrent à Byzance à l'époque que nous étudions. En définitive, le xᵉ siècle se résume en trois noms, Constantin VII, Nicéphore Phocas, Jean Zimiscès, qui personnifient : l'amour de l'étude et de la paix ; la discipline, l'autorité et l'esprit politique ; la valeur guerrière. Nous pouvons ajouter qu'à l'ombre de ces noms placés en vedette s'agitent plusieurs hommes d'une incontestable valeur qui parurent n'avoir été que des instruments entre les mains des puissants autocrators et qui en réalité furent la tête du gouvernement ou l'âme des constitutions que leurs maîtres signèrent : tels furent le Parakimomène Bringas, et le Proèdre Basile et aussi les savants juristes qui successivement remplirent le rôle de questeur, Théophile et Théodore le Décapolitain. Tous ces hommes contribuèrent à faire du xᵉ siècle pour l'empire d'Orient, sinon une période de relèvement définitif, du moins une époque d'éclat passager et un temps d'arrêt dans l'irrémédiable décadence.

II. Malgré tout, au xᵉ siècle, l'Empire est bien déchu de

(¹) Schlumberger, *Un empereur byzantin au Xᵉ siècle*, p. 388.

son antique splendeur. Depuis longtemps, l'Afrique est en entier perdue. En Italie, le Basileus ne possède plus que les deux thèmes de Calabre et d'Apulie, et encore sont-ce là des possessions bien précaires ; il y a aussi des vassaux : les princes lombards de Capoue, Bénévent et Salerne, les républiques de Naples, de Gaète et d'Amalfi ; mais ce ne sont là des vassaux que de nom. Ils ne perdent pas une occasion de se mettre en lutte ouverte avec Constantinople et ils sont guettés par l'empereur d'Allemagne qui les absorbera.

En Grèce, l'Empire se réduit à une étroite bande de terre, aux rivages de l'Adriatique, de la Méditerranée, de la mer Égée et du Pont-Euxin, auxquels il faut joindre les îles de l'Archipel et les îles Ioniennes. Les Bulgares ont rongé la terre romaine jusqu'au cœur ; ils sont à quelques journées de Constantinople et aux portes mêmes de Thessalonique. La Crète, au pouvoir des Sarrasins depuis 842, retombe enfin aux mains du Basileus après la brillante campagne du général Nicéphore qui ajoute bientôt à cette première conquête celle de l'île de Chypre.

L'Empire est, en somme, plutôt asiatique qu'européen. En Asie aussi on a dû reculer, et se borner à la possession de l'Asie mineure et à la suzeraineté sur le roi des rois d'Arménie et sur le prince d'Ibérie qui est de droit curopalate de l'empereur. Si Nicéphore, si Zimiscès étendent momentanément les frontières, les espaces perdus par les Arabes sont vite reconquis. Il n'en est pas moins vrai que là sont les provinces les plus paisibles et les plus riches, celles qui fournissent le plus de subsistances et le plus de soldats. Du moment où l'Asie sera perdue, les jours de Byzance seront comptés.

III. Voilà à quoi était réduit au xᵉ siècle ce que les Sarrasins appelaient l'empire de Roum : un lambeau de territoire entouré d'ennemis de toutes parts. Ces ennemis étaient légions : toutes les races, toutes les religions, toutes les mœurs, toutes les civilisations y étaient représentées. En Italie, l'empereur de Germanie. En Grèce, les Bulgares. Sur les côtes de la mer Noire, les Petchenègues d'abord, puis les Khazars et derrière eux les terribles Ross ou Varègues, les ancêtres des Russes. Enfin, à l'est, au sud, et à dire vrai, partout, le plus terrible des adversaires, le redoutable Sarrasin avec qui la guerre était perpétuelle et dont la puissance était incalculable. Si le calife de Bagdad, trop éloigné et presque déchu, laissait en paix l'Empire, si les Ischidites et les Fatimites d'Afrique occupés entr'eux suivaient la même politique, les frères Hamdanides d'Alep et de Mossoul, et spécialement le terrible Champmas « que Dieu confonde » de son vrai nom, Seiff-Eddauleh, prince d'Alep, harcelaient continuellement l'Empire.

On comprend que ces innombrables adversaires avaient tous les avantages en présence d'un empire qui, loin de former un tout compact, était constitué de territoires espacés, morcelés, au point de ne former qu'une bande de terre où tout était frontière, où chaque espace de terrain, si petit soit-il, était directement exposé aux horreurs de la guerre. Aussi l'ancienne organisation administrative avait disparu pour faire place à un état de choses tout nouveau qui est relaté dans deux ouvrages de Constantin VII, le livre des Thèmes et le livre de l'Administration. Dans ces deux ouvrages, il n'est plus question, comme dans la *Notitia,* de préfectures, de diocèses, de provinces, de cités, mais de thèmes, de *turmæ,* de *bandi,* de *clisuræ ;* plus de préfets, de vicaires, de consulaires,

de præsides, mais des stratèges, des turmarques, des clisu-
rarques. Une administration purement militaire a remplacé
l'administration civile : ainsi l'ont voulu l'état de guerre perpétuel et l'insécurité croissante. La réforme, commencée sous
Justinien (¹), se continue sous ses successeurs, et au xᵉ siècle
elle est définitivement achevée.

(¹) Nous ne parlons ni de l'Isaurie, ni de l'Arabie, qui, par suite de circonstances
spéciales, proximité d'ennemis redoutables, turbulence des habitants, avaient bien
avant Justinien été organisées militairement : la première était administrée par
un *Comes rei militaris*, la seconde par un *Duc*.

CHAPITRE II

I. Le Thème est là plus grande division de l'Empire : c'est la province militaire. Le mot Θέμα du grec θέσις (position, poste) se passe de commentaires, et porte en lui-même sa signification : il désigne à la fois l'espace de territoire et la force militaire qui l'occupe.

Ces divisions nouvelles sont extrêmement variables : le caprice de l'empereur ou les hasards de la guerre les créent, les suppriment, les dédoublent ou les réunissent. Le livre des thèmes, le *de administrando,* les Cérémonies nous donnent des listes bien différentes dans lesquelles on retrouve parfois des provinces depuis longtemps perdues, telles que la Sicile et Chypre, ou d'autres dont l'existence est problématique et à qui on ne saurait assigner un emplacement vraisemblable. Ce que l'on peut dire avec une quasi-certitude, c'est que les thèmes sont au xᵉ siècle en nombre supérieur à vingt, mais inférieur à trente. Les thèmes frontières sont appelés thèmes akritiques, et après ce que nous avons dit plus haut, on conclut facilement que presque toutes les provinces de l'Empire méritent cette qualification. A la tête du thème se trouve un stratège, nommé par l'empereur, pour une durée probablement non limitée : il a tous les pouvoirs, cependant on trouve à côté de lui un fonctionnaire civil, le protonotaire, du rang de drongaire, qui paraît être chargé de veiller à la rentrée de l'impôt, d'en employer une partie pour les besoins de la province, et de faire parvenir le surplus à l'empereur.

Le thème est divisé en *turmæ*. La *turma* est une fraction du corps d'armée du stratège et aussi une portion du territoire : elle est commandée par un turmarque. Le *bandos*, subdivision de la *turma*, est sous les ordres d'un drongaire ou comte. La *clisura* est une forteresse : c'est l'ancien *castellum* sous un nom différent ; elle est d'une importance capitale comme centre de résistance ; aussi le clisurarque qui la commande, s'il est inférieur au stratège, est supérieur à tous les autres chefs, même aux turmarques.

Enfin il ne nous paraît pas que les stratèges relevassent toujours directement de l'empereur ; à notre avis, il y a des distinctions à faire. Certainement, comme gouverneurs de provinces, les stratèges n'avaient de comptes à rendre qu'au Palais Sacré ; certainement, en temps de paix relative, ou du moins en dehors des grandes expéditions, ils pouvaient être chargés de diriger eux-mêmes une campagne d'importance secondaire, et ils avaient alors toute latitude pour châtier les brigands Apélates ou repousser les attaques des bandes de Sarrasins, de Varègues ou de Bulgares ; mais ils avaient au-dessus d'eux le domestique des Scholes d'Orient ou d'Occident (¹) qui n'était point stratège, mais était mieux que cela, qui dirigeait les guerres véritables, et entraînait à sa suite tous les chefs, quel que soit leur grade. Seul dans sa province, le stratège était un petit souverain ; le domestique

(¹) V. *Contra* Rambaud, *op. cit.*, p. 188. — Et en notre sens, le Continuateur de Syméon Magister, p. 755 et 757 ; Léo Grammaticus, p. 294 ; Léo Diaconus, p. 7 ; Cédrénus, p. 327, 330, 336, 340 ; le Continuateur de Théophane, p. 436, 459.

des Scholes apparaissait-il, il n'était plus que son premier lieutenant.

Telle est au x⁰ siècle l'organisation toute militaire de l'Empire. Cela, du reste, ne suffisait pas à lui garantir la sécurité. Bien plus qu'en Occident s'imposait la nécessité de former à l'extrême frontière un réseau serré de défenseurs résolus. Les empereurs n'eurent pour cela qu'à protéger les situations acquises, car, ainsi que nous allons le voir, les pratiques suivies à Rome depuis Auguste avaient été continuées sans interruption dans l'empire d'Orient.

II. Les thèmes byzantins étaient peuplés de Barbares. On avait usé de tous les moyens pour les attirer ou les retenir : certains étaient venus s'installer en amis sur des terres librement concédées ; d'autres s'étaient établis, en amis aussi, sur des terres dont on n'avait pu ou dont on n'avait osé les chasser ; certains étaient venus en corps de nation, d'autres en petites bandes, ou même individuellement ; ceux-ci étaient des prisonniers parqués par la volonté du vainqueur ; ceux-là des envahisseurs qui étaient restés les maîtres : en somme tout s'était passé comme en Occident.

Au x⁰ siècle, tous ces Barbares sont définitivement fixés dans l'Empire ; ils ne se sont mêlés que très peu aux anciennes populations ; ils vivent en groupes et en général sont restés dans l'endroit même où ils avaient primitivement été établis. Nous allons voir, en considérant tour à tour les diverses provinces de l'Empire, que sur tous les points du territoire il y avait de ces colonies militaires.

Depuis l'invasion bulgare, les possessions européennes du Basileus se sont extrêmement réduites ; le thème de Thrace s'en est trouvé tout particulièrement diminué : il ne comprend plus que Constantinople et ses faubourgs. Aussi on n'y rencontre guère de colonies étrangères importantes, mais seulement des individus isolés venus de tous les points de l'Empire attirés par l'irrésistible force qui poussait vers la ville de Constantin tous ceux qui aimaient le luxe, les plaisirs, et le bien-être. Toutes les races se pressent dans Constantinople : nous y chercherions en vain le propriétaire soldat, car, de toute évidence, sa place n'est point à la ville.

A l'ouest de la Péninsule des Balkans se trouvent deux thèmes plus petits encore que celui dont nous venons de parler. Le thème de Nicopolis est une bande de terre étroite et courte. Le thème de Céphalénie comprend exclusivement les Iles Ioniennes. Dans ces deux thèmes et aussi dans celui du Péloponèse, nous trouvons au xᵉ siècle des colonies de Mardaïtes. C'est Constantin VII lui-même qui nous le dit dans le Livre des Cérémonies ([1]). Les Mardaïtes, de race iranienne, étaient venus s'établir sous le règne de Constantin Pogonat dans les défilés du Liban ([2]). Là, très solidement retranchés, ils furent pour les Sarrasins de terribles adversaires, et seraient devenus pour l'Empire le meilleur des remparts, si, quelques années après leur arrivée, l'empereur Justinien II n'avait pas cru, pour se ménager les Kalifes, devoir disséminer dans l'Empire ces indomptables soldats : c'est à cette mesure impolitique que nous devons la présence des Mardaïtes dans les thèmes européens du Péloponèse, de Céphalénie et de Nicopolis. Ils n'ont du reste en rien dégénéré depuis le viiᵉ siècle ; ce sont les soldats les plus courageux, les plus habiles et les plus fidèles ; nous les voyons paraître dans toutes les expédi-

---

[1] Cérém., II, p. 665.
[2] Cédrénus, I, p. 765, et *De Adm. Imp.*, c. 21, p. 96 et c. 22 p. 103.

tions du xe siècle : cinq mille des leurs prennent part à la
campagne de Crète sous Léon le Philosophe ([1]), et trois mille
à celle de 960, qui, habilement conduite par Nicéphore Phocas,
se termina par la prise de Chandax et la conquête de l'île. De
préférence à tous autres, on leur confie des tâches particulièrement délicates ; ils n'ont point de rivaux dans l'art de sur-
prendre l'ennemi à l'improviste, et Cédrénus pour louer un
glorieux fait d'armes accompli par les Grecs, dit simplement
qu'ils se sont conduits comme des Mardaïtes : δίκην Μάρδαιτῶν ([2]).

Le thème de Thessalonique, qui tire son nom de la seconde
ville de l'Empire, son chef-lieu, renferme, sous Constantin VII,
une colonie serbe. Cette colonie est fondée depuis Héraclius.
Au témoignage du Porphyrogénète lui-même ([3]), elle existe
toujours au xe siècle et elle a donné son nom à la région
qu'elle habite (Servie) et à la ville qui est au cœur de cette
région (Servia).

Du reste, les Serbes n'étaient pas le seul peuple de race
slave établi dans les provinces européennes de l'Empire ; on
peut dire que non seulement les thèmes que nous avons déjà
cités, mais encore ceux de Macédoine, de l'Hellade, de la
mer Égée et de Dyrrachium, en un mot, tous les thèmes
d'Europe, étaient presqu'entièrement slavisés. Et cela s'explique aisément, car tous confinaient à la Bulgarie, et, dans ce
royaume, ce n'étaient point les Bulgares, mais bien les Slaves qui dominaient, et par leur nombre, et par leur civilisation,
et par leur langue ; le royaume bulgare était, à vrai dire, un
empire slave. Avec des guerres perpétuelles, des invasions

([1]) Cédrénus, II, p. 654.
([2]) Cédrénus, I, p. 790.
([3]) *De Adm. Imp.*, c. 32, p. 152.

incessantes, des modifications de frontières constantes, on comprend de suite que toute la partie de l'Empire avoisinant la Bulgarie (et c'était le cas des thèmes d'Europe) ait été habitée par de nombreux Slaves. C'est ainsi qu'au xe siècle, nous trouvons des Slaves dans les environs d'Andrinople et de Thèbes, sur les bords du golfe de Volo ; ils forment la majorité dans le thème de Strymon. Une tribu de leur race, les Smolènes, donne son nom à un nouveau thème, tandis qu'une autre tribu, celle des Véligostes, se répand dans toute la Hellade. De nombreuses villes ont conservé des noms slaves et des inscriptions slaves en grand nombre nous sont restées. Ajoutons que ces Barbares furent pour Byzance de mauvais serviteurs, et qu'en général on eut plus souvent à les combattre qu'à compter sur leurs services.

Enfin, plusieurs colonies militaires étaient établies en dehors de l'Empire, c'est-à-dire en Bulgarie, en plein pays ennemi et continuaient malgré cela à devoir leurs services au Basileus et à les prester. Telle était la colonie turque de l'Axios fondée par l'empereur Théophile et aussi celle du lac Ochride, composée de Barbares de la même race. Telles étaient encore la colonie de Manichéens installée autour de Philippopolis par Jean Zimiscès et celle qui avait été fondée par des Arméniens près de la même ville.

Les thèmes d'Orient, plus riches, plus peuplés, et aussi plus exposés, sont couverts de terres militaires ; là sont les contrées les plus fertiles, le véritable grenier de l'Empire ; là aussi sont les plus terribles adversaires, les seuls qui ne soient point des barbares, mais des peuples d'une civilisation plus brillante encore que la civilisation grecque, les Sarrasins, qui ont rongé lentement mais sûrement la terre romaine, et dont

les bandes sont sans cesse sur le territoire de Byzance ; à tel
point que souvent des thèmes n'existent que sur le papier et
sont en réalité des provinces de l'empire que se sont taillé
par l'habileté de leur politique et la vaillance de leurs armes
les frères Hamdanides, les puissants émirs de Mossoul et
d'Alep. On comprend que là soient les meilleurs soldats et
qu'ils y soient en grand nombre : les terres les plus fertiles,
ce sont surtout celles-là qui doivent être cultivées ; ce sont
aussi celles qui doivent être le mieux défendues.

En face du thème de Thrace, sur la rive Est du Bosphore,
défendant Constantinople dont il est le boulevard, se trouve
le thème Optimate. Là sont en grand nombre et depuis longtemps des colons Goths renommés par leur valeur, les meilleurs, les Optimates, qui sont devenus possesseurs de terres
et ont donné leur nom à leur province.

Le thème des Cibyrrhéotes, placé au sud de la péninsule
asiatique et baigné par la Méditerranée, est l'une des provinces maritimes par excellence de l'Empire, celle qui fournit
en grande partie la flotte perpétuellement en guerre contre
les Sarrasins. Ce thème, depuis le règne de Justinien II, est
en grande partie peuplé par des Mardaïtes qui, chose curieuse,
au lieu de dépendre des chefs ordinaires et particulièrement
du stratège du thème, sont sous la direction d'un chef pris
parmi eux et nommé Catapan. Cette situation anormale prend
du reste fin sous Constantin VII lui-même ; on conçoit assez
facilement que les causes de querelles étaient nombreuses et
constantes entre le Catapan et le Stratège ; sous le règne du
Porphyrogénète, la situation devint si tendue, que sur une
réclamation du chef du thème le Basileus décida que désor-

mais les fonctions et le titre de Catapan seraient réunies sur la tête du Stratège ([1]).

Dans le thème d'Arménie, il y a aussi des Mardaïtes, mais il ne paraît pas qu'ils aient ici de chef spécial. Ce thème, situé sur les rives du Pont-Euxin, renferme aussi des colonies de Bulgares depuis Justinien, et des Slaves campés là depuis la grande émigration de 762 et aussi dans les thèmes voisins de Paphlagonie et de Chaldée.

Mais celui des thèmes où dominent les Slaves est le thème de l'Opsikion ; là, au lieu d'être isolés comme partout ailleurs, ils sont nombreux et compacts, et, à l'image des Mardaïtes, ils ont un chef spécial, un catapan. A côté d'eux, se trouvent des Arméniens ; on en rencontre aussi dans les thèmes Thracésien et Anatolique, et d'une façon générale dans les thèmes du sud-est ; nous verrons que l'empereur Nicéphore Phocas rendit pour eux une constitution particulière. Ce sont des soldats valeureux : au ix° et au x° siècles, ils donnent à l'empire ses plus grands capitaines, l'illustre famille des Gourgen et l'empereur Jean Zimiscès.

Les Perses et les Arabes sont répandus dans tout l'Empire. Nous trouvons les Perses sous le règne de Théophile au nombre de 30,000, et sous les ordres de leur chef Théophobe, combattre à côté des légions byzantines, puis se révolter pour faire de leur chef un Basileus ; enfin dispersés par l'empereur à raison de 2,000 par thème. Sous le règne de Constantin VII, les Perses sont toujours reconnaissables dans l'Empire, et dans les thèmes d'Asie beaucoup de *turmæ* portent leur nom ([2]).

([1]) *De Adm. Imp.*, C. 50, p. 229.
([2]) Continuateur de Théophane sur Théophile, c. XXIX, p. 125.

Les Arabes sont très nombreux sur le sol romain : on en rencontre partout : ce sont des soldats valeureux que les Basileis s'efforcent toujours de faire entrer en plus grand nombre dans les armées byzantines. En général, ils n'émigrent pas ; mais dans les luttes incessantes entre les deux peuples toujours rivaux, les prisonniers sarrasins sont en nombre immense ; (les armées grecques firent en une seule campagne jusqu'à 70,000 prisonniers). Ces captifs souvent deviennent esclaves, mais on fait des soldats de ceux qui veulent consentir à recevoir le baptême ; à ceux-là on donne quelque argent, des bêtes de labour, des instruments aratoires et des semences ; enfin on leur concède des terres à raison de cinq *litræ* pour les cavaliers et de trois pour les marins ([1]). Ces colons arabes sont loin d'être les moins bons des soldats de l'Empire ; nous les voyons en 935, dans la campagne de Longobardie, combattre vaillamment à côté des Byzantins ([2]).

Tous ces étrangers des races les plus diverses ont fini par s'acclimater sur le sol romain, et par s'y considérer comme chez eux. Ils forment la plus grande partie, la presque totalité de la classe des στρατιῶται possesseurs de terres militaires ([3]). Placés sous la direction de leurs chefs, ils ne doivent pas quitter sans leur ordre la contrée qu'ils habitent ; ils se trouvent en général groupés par races, mais ne vivent pas à part des autres habitants de l'Empire. Nous en verrons

([1]) Cérém., II, 49, p. 694.

([2]) Cérém., II, 44, p. 660.

([3]) D'après M. Rambaud, *op. cit.*, p. 295, il ne serait pas exagéré d'évaluer à 2,000 par thème dans les provinces d'Europe et à 4,000 dans celles d'Asie plus peuplées, le nombre des soldats propriétaires, barbares ou non.

plus loin la preuve indéniable, les terres militaires ne sont point isolées mais bien mélangées aux terres civiles, et à côté du champ du πολίτης se trouve le champ du propriétaire soldat.

CHAPITRE III

Les empereurs du xᵉ siècle se sont occupés avec beaucoup de soin de la situation des militaires et de la conservation de leurs biens. A cette époque particulièrement troublée où la lutte mêlée de succès et de revers était constante,
à cette époque où les ennemis de Byzance la pressaient de
plus en plus, où ses généraux tantôt se faisaient écraser en
Sicile, tantôt conduisaient de glorieuses campagnes en Crète
et en Asie, on comprend que l'armée constituait l'organe
essentiel, l'élément vital de l'Etat. L'armée, dit le Porphyrogénète, « l'armée, est à l'Etat ce que la tête est au corps ; celui
qui la néglige compromet son salut, car le premier des
devoirs c'est de veiller à l'intérêt public. Aussi en promul-
gant notre constitution sur les biens militaires, nous avons
conscience de travailler pour le bien de l'Etat, et pour le bien
de tous » (¹). Cette ferme volonté de protéger les soldats et
leurs biens ne se démentit pas pendant le règne des deux
successeurs immédiats de Constantin, et durant une période
d'environ cinquante années, de 922 à 969, nous n'avons pas
moins de sept constitutions intéressant notre matière.

Au premier abord cette abondance de textes étonne, et
d'autant plus que sauf quelques différences de détails, qui, au

---

(¹) Zachariæ, *J. G. R.*, III, nov. VIII, Préambule, p. 261.

point de vue des résultats, ont du reste une importance capitale, chaque Novelle n'est que la reproduction de celle qui l'a précédée. Prenez une constitution quelconque; en général elle prévoira peu de cas nouveaux; ce seront les mêmes lamentations sur l'avidité des puissants et la misère des pauvres, sur les exactions des chefs militaires et la détresse des soldats; les mêmes menaces à l'adresse de ceux qui ont osé porter une main criminelle sur les militaires ou sur leurs biens, pour le plus grand mal des affaires de l'Etat; les mêmes prescriptions déterminant minutieusement les cas dans lesquels le soldat peut aliéner les terres, les conditions dans lesquelles il peut revendiquer celles qu'il n'a plus et qui étaient inaliénables, et les divers règlements qui seront la conséquence de la revendication admise. Les seules différences consisteront en ce que les menaces seront plus ou moins violentes, en ce que les délais, les quantités, les étendues, seront augmentés ou diminués; en un mot ce seront surtout des différences de chiffres. Aussi après tout cela semble-t-il qu'une seule constitution eut dû suffire, et que les autres, n'étant que des délayages ou des résumés de la première, furent parfaitement inutiles. Raisonnement inattaquable, si l'on envisage une société moderne où en général tout marche à la volonté de l'Etat, où les prescriptions de l'autorité centrale sont immédiatement appliquées jusque sur les points les plus reculés du territoire. Erreur à Byzance, où il n'y avait qu'instabilité et tendance constante à échapper aux décisions du pouvoir établi. Un empereur byzantin était sollicité par des influences bien diverses, et suivant les circonstances, il y avait intérêt pour lui tantôt à ménager les puissants et par suite à oublier momentanément leurs déprédations, tantôt à se montrer l'ami, le protecteur des militaires, et à multiplier pour eux les faveurs et les immunités. Une constitution était promulguée : elle froissait bien des intérêts ; elle gênait bien des spéculations ; elle anéantissait bien des espérances : d'où le mécontentement ; or l'expérience montrait aux Basileis qu'en général il n'était pas prudent de marcher dans cette voie ; aussi revenaient-ils souvent sur ce qu'ils avaient d'abord cru bon, et la justice et l'équité n'y gagnaient pas toujours.

Puis décréter une loi était facile : l'important c'était qu'on l'appliquât. Or il arrivait souvent que sur certains points de l'Empire on en ignorait jusqu'à l'existence ; dans les thèmes plus rapprochés de Constantinople on la connaissait, mais elle restait lettre morte ; et là où on l'observait dans le principe, elle finissait au bout de très peu de temps par tomber en désuétude. De là, cette habitude invétérée de rendre constamment des décisions presqu'identiques aux précédentes, en essayant de leur donner plus d'importance et en introduisant dans les détails les variantes nécessitées par les influences du moment.

On comprend ce que devaient être la clarté et la précision de la législation avec ces perpétuels changements. Nous pouvons en prendre comme exemple le préambule de la novelle de Romain II sur la restitution du prix (¹) : il nous paraît fort curieux. Il nous montre à quel point étaient obscures à cette époque les lois concernant les militaires ; les magistrats eux-mêmes ne savaient pas toujours comment les interpréter, et pour avoir la conscience en repos ils étaient obligés de demander au Palais Sacré quelques éclaircissements : la novelle

---

(¹) Zachariæ, *J. G. R.*, III, Nov. XV, p. 281.

dont nous parlons maintenant est justement une réponse à l'une de ces demandes.

Le juge thématique qui en provoqua la rédaction commence par s'attirer du magister Théodore le Décopolitain qui la rédigea, cette apostrophe très nette et côtoyant l'impertinence : « Nous voyons parfaitement que tu n'as jamais rien compris aux lois nouvelles ; qu'elles aient beaucoup varié et qu'elles aient été constamment modifiées, c'est absolument indéniable ; mais tu aurais dû savoir..... » Et Théodore commence alors le résumé de la législation antérieure sur notre matière, et le lecteur n'est pas peu surpris de voir que le savant magister s'égare à son tour dans ce dédale, et semble, tel un simple juge thématique, ne pas y avoir compris grand'chose. Il mêle les dispositions prenant des mesures de protection pour les pauvres avec celles qui on trait aux soldats ; il est vrai que les unes et les autres ont une vague analogie ; mais elles sont bien différentes quant à leur but, les premières étant destinées à assurer pour le fisc la rentrée de l'impôt, les secondes visant à rendre certain le bon recrutement de l'armée. Puis, il attribue à Constantin Porphyrogénète ce qui sans aucun doute revient à Romain Lécapène. Il donne, comme ayant été décrétées dans une seule novelle, des décisions qui ont été rendues dans des textes différents, et il sépare des dispositions qui certainement devraient être réunies. Bref ce préambule de la Novelle de Romain II paraît en contradiction absolue avec tout ce que l'on peut déduire de la lecture des diverses constitutions de l'époque ; peut-être le texte nous est-il parvenu vicié : ce qui est certain, c'est que si nous avons là le texte original, Théodore, au lieu de rendre la question plus claire, dut contribuer à l'obscurcir notablement, et le juge thématique regretta peut-être doublement son inutile demande.

Nous savons maintenant quels sont les caractères généraux des constitutions impériales concernant les fonds militaires; il nous reste à les énumérer rapidement.

La première est de 922 ([1]). C'est la fameuse Novelle de Romain Lécapène sur le retrait. Elle intéresse plus particulièrement la question sociale, la lutte entre les puissants et les pauvres, entre les δυνατοί et les πένητες; elle prescrit aux uns de ne pas acheter les biens des autres; elle décide que les pauvres qui auront aliéné leurs biens pourront les revendiquer, et elle organise le mode de revendication. C'est là son but principal. Accessoirement, en son chapitre III, elle s'occupe des militaires pour décider que leurs biens sont inaliénables dans une certaine mesure, et que, dans cette mesure, ils pourront, après les avoir aliénés, les revendiquer sans restitution du prix.

La grande Novelle de Constantin Porphyrogénète ([2]), dont nous avons déjà parlé, vient ensuite. On n'a pu lui assigner une date même approximative; tout ce que l'on sait, c'est qu'elle a été rendue certainement sous Constantin, et par conséquent entre 945 et 959. C'est, de tous nos textes, le plus complet et le plus clair; c'est l'édifice principal de la législation militaire à cette époque. Ses dispositions sont multiples : elle détermine la valeur d'un bénéfice et sa nature, elle règle avec beaucoup de précision les questions d'inaliénabilité, de retrait et de restitutions réciproques qui en résultent; enfin, elle prévoit et punit de différentes peines les attentats contre la personne des soldats.

Pendant le règne si court de Romain II, deux Novelles

[1] Zach., *J. G. R.*, III, p. 234.
[2] Zach., *J. G. R.*, III, p. 261.

furent promulguées touchant les biens militaires. La première ([1]), contresignée par Théodore et non datée, à laquelle
nous avons fait précédemment allusion, s'occupe exclusivement de la restitution du prix payé par les acquéreurs
de biens militaires, restitution qui dans la plupart des cas
n'était pas exigée, alors bien entendu que l'acquéreur était
forcé de rendre son acquisition. La seconde ([2]) de 962 rendue
spécialement pour ceux qui sont dans le thème thracésien,
renferme quelques dispositions nouvelles concernant les vo-
leurs de biens militaires et ceux qui en ont irrégulièrement
reçu des fonctionnaires impériaux, touchant aux acquisitions
en seconde main de στρατιωτικὰ κτήματα et aux abus des puissants qui retiennent, auprès d'eux, des militaires.

Avec l'avènement de Nicéphore Phocas à l'empire, c'est le
militarisme qui triomphe, et c'est en même temps un chef
inflexible en matière de discipline qui revêt la pourpre :
aussi ne s'étonne-t-on pas de voir la sollicitude du pouvoir
central augmenter encore, et en même temps des dispositions
nouvelles et quelque peu sévères pour les soldats apparaître
comme un juste contre-poids des immunités dont ils sont gra-
tifiés. La Novelle sur les fonds arméniens ([3]) (963-969) punit
ceux qui quittent leurs terres pendant un laps de temps déterminé; puis, dans son chapitre II, elle traite de la succession aux biens du soldat qui a été reconnu coupable de crime.
La novelle de 967 ([4]) dispose que, dans aucun cas, les pauvres
ne pourront acquérir des riches et réciproquement, qu'ils soient
civils ou soldats, même si les uns ou les autres invoquent des

([1]) Zach., *J. G. R.*, III, p. 281.
([2]) Zach., *J. G. R.*, III, p. 285.
([3]) Zach., *J. G. R.*, III, p. 289.
([4]) Zach., *J. G. R.*, III, p. 296.

raisons d'ὁμοτελεία ou d'ἀνακοινῶσις ; elle décide encore que
ceux qui avaient acquis de bonne foi des biens militaires
avant la famine, en sont légitimes propriétaires sans le secours d'aucune prescription, contrairement à ce qui avait été
admis depuis. Enfin la dernière Novelle (¹) de Nicéphore sur
les biens militaires (963-969) se borne à quelques modifications de détail.

Tels sont les textes qui au x⁰ siècle forment la législation
des bénéfices militaires. A partir de cette époque, les documents nous font défaut. Nous n'aurons plus, des siècles plus
tard, que deux résumés des constitutions que nous venons
d'énumérer, et quelques vagues récits d'un chroniqueur d'Occident qui nous montreront non point l'institution que nous
étudions transformée en féodalité véritable, comme on l'a
cru, mais quelque chose de bien différent, et qui n'a rien de
commun ni avec le système féodal, ni avec nos bénéfices militaires. En quelques mots nous reviendrons sur ce point à la
fin de notre étude.

Il nous faut voir maintenant avec précision les détails des
constitutions que nous venons de passer en revue. Nous nous
occuperons d'abord de la condition des soldats, de leurs
droits, de leurs obligations, des mesures de protection édic-
tées pour sauvegarder leur liberté, des règles particulières
qui reçoivent leur application quand un soldat s'est rendu
coupable d'un meurtre. Puis, passant à la condition des
terres, nous étudierons le régime de la propriété foncière
dans l'empire byzantin, les caractères de la στρατεία, du bénéfice, enfin les nombreuses dispositions relatives aux aliénations et aux usurpations de biens militaires.

(¹) Zach., *J. G. R.*, III, p. 299.

CHAPITRE IV

Dans notre chapitre relatif à la population barbare des thèmes, nous avons vu quel était le contingent principal des armées byzantines. Il est certain qu'à côté de ces soldats que l'invasion avait fournis aux Basiléis, il s'en trouvait d'autres que l'on recrutait dans la population grœco-romaine : ils étaient le petit nombre, du moins en l'absence de texte formel, cela nous paraît très vraisemblable, étant données l'apathie et la mollesse des Grecs, la vigueur et l'audace guerrière des Barbares. Tous, Grecs et Barbares, recevaient le titre de στρατιῶται, par opposition aux πολίται, les civils, qui n'avaient qu'à payer l'impôt. On désignait par l'expression τὸ μισθοφορικόν, la gent mercenaire, les étrangers qui, momentanément et moyennant une solde, combattaient à côté des légions, et non point ceux qui, malgré leur origine, avaient reçu des terres dans l'Empire et étaient devenus ainsi des citoyens romains. Le titre de στρατιώτης et les privilèges qui y étaient attachés, étaient tansmissibles de père en fils, en sorte qu'à côté des familles civiles chargées seulement de supporter les charges fiscales, il y avait les familles exclusivement militaires (¹), qui prestaient en outre à l'État les services du soldat.

On entrait donc à l'armée surtout par le privilège de la

(¹) *De Cerem.*, II, 49, p. 694.

naissance : on naissait soldat. Mais on pouvait aussi le devenir alors même qu'on appartenait à une famille civile en acquérant une γῆ βασιλική (¹) et en acceptant les charges diverses attachées à une telle possession. Ceci ne se présentait du reste que très rarement, et à notre connaissance dans les trois seuls cas suivants : quand un fonds militaire était acquis par prescription (²) ; quand un soldat mourait laissant sa terre à un civil (³), ou bien quand reconnu coupable de meurtre, il restait sans héritier acceptant sa succession, auquel cas le premier venu, même un πολίτης, pouvait prendre possession de sa terre, toujours sous la charge de prester le service d'un soldat (⁴). Nous ne parlons pas, bien entendu, de la volonté du prince qui pouvait toujours retirer une terre ou en donner une, faire d'un πολίτης un στρατιώτης et réciproquement.

Les soldats avaient des droits, ils avaient aussi des obligations. Ils étaient en butte à l'avidité des grands : il fallait donc les protéger. Ils se permettaient parfois d'attenter à la vie de leurs semblables : par suite il fallait aussi les punir et fixer en conséquence le sort de leurs biens. Ce sont ces différents points que nous allons maintenant étudier.

I

Les droits des soldats.

Le στρατιώτης est libre, citoyen et a tous les droits de famille. Il peut arriver à de hautes situations si la faveur du

---

(¹) Terre militaire.
(²) Zach., *J. G. R.*, III, n. VIII, c. 1, p. 263, *in fine.*
(³) Zach., *J. G. R.*, III, n. VIII, c. 1, p. 262, ligne 21.
(⁴) Zach., *J. G. R.*, n. XVIII, c. 2, p. 291 *in fine.*

Basileus l'y appelle ; il est téméraire pour lui d'ambitionner la pourpre, mais les hasards de la fortune peuvent la lui donner. En un mot, dans l'Empire, il est considéré comme valant autant qu'un Græco-Romain.

Mais nous avons à le considérer surtout au point de vue de son droit de propriété. Le soldat byzantin est avant tout un soldat propriétaire. Il est libre possesseur de sa terre, dont il ne peut cependant disposer que sous certaines restrictions, et dont il n'a le droit de recueillir les fruits que s'il preste les charges correspondantes. C'est là un droit de propriété tout particulier, jouissant de faveurs spéciales et rigoureusement protégé contre tous et contre le soldat lui-même, un droit qui ne se conçoit pas sans une charge correspondante, qui ne peut, en principe, appartenir qu'à certaines personnes déterminées et qui ne porte que sur des terres d'une nature toute spéciale. En général, il n'est pas besoin que la société intervienne pour qu'un homme puisse avoir sur un immeuble un droit de propriété, parce que c'est là un droit naturel ; au contraire, personne ne peut acquérir un droit de bénéficiaire, si quelqu'un n'est pas venu avant lui créer ce droit. En un mot, mettez en présence une terre inoccupée et un titulaire quelconque : le droit de propriété est né ; cela ne suffira pas en notre matière, et pour que le droit de bénéficiaire naisse, il faudra au préalable qu'une décision supérieure ait donné à un fond le caractère de bénéfice militaire. Nous voulons dire par là, que si le mode originaire normal d'acquérir la propriété est l'occupation, ici ce sera la concession ; et l'occupation sera reléguée au rang de mode dérivé.

Le droit du soldat sur sa terre est donc né primitivement par l'effet d'une concession. C'est par la concession que virent le jour tous les στρατιωτικὰ κτήματα. Qui a le droit de concéder ainsi une terre? Certainement l'empereur et les hauts fonctionnaires de la cour; puis peut-être les stratèges chefs militaires des thèmes; enfin les ἐπόπται, inspecteurs de police, fréquemment envoyés dans les provinces, et placés sous les ordres du Logothète de la course, qui, lui-même, en dehors de l'organisation des fêtes, a dans ses attributions la police de l'Empire. En ce qui concerne les ἐπόπται pour qui la question pourrait être douteuse, nous nous basons sur une des Novelles de Nicéphore Phocas (¹) qui relativement aux preuves d'une concession de biens militaires, place sur la même ligne les λιβέλλοι (²) ἐποπτῶν et les χρυσοβούλλια. Cependant il ne nous paraît pas que les inspecteurs aient le droit de déclarer terre militaire un fonds qui ne l'était pas auparavant : aucun texte ne se prononce sur la question. Telle était la règle. En fait il dut arriver souvent que des soldats, arrivant dans un thème, s'installèrent sur des terres quelconques, et que ces terres furent rapidement considérées comme militaires et à ce titre particulièrement protégées, et grevés de la charge de servir; la faiblesse du pouvoir central, et le perpétuel désordre qui régnait aux frontières font de cette hypothèse une absolue certitude.

Quoi qu'il en soit la concession ne porte jamais que sur des terres considérées comme militaires, c'est-à-dire grevées principalement de la charge de servir, ou sur des terres qui sont déclarées en même temps militaires. Ces terres sont données,

---

(¹) Zach., *J. G. R.*, III, Nov., XVIII, c. 1, p. 290, ligne 24.

(²) Ces λιβέλλοι, œuvres de fonctionnaires, devaient avoir un caractère officiel, et présentaient par suite, au point de vue de la preuve, des avantages considérables.

nous dit le Basileus Nicéphore, « à des chefs de thème ou de légion, ou à des soldats particulièrement valeureux, ou à d'autres » ([1]) ; ainsi il peut en être donné même à des civils qui, de ce fait, deviennent militaires, et reçoivent en même temps que le droit de jouir de leur fonds, l'obligation de servir. Un soldat ne doit pas rester sans terre, et quand un Arménien, pour être resté trop longtemps absent de chez lui, trouve à son retour son champ devenu l'inviolable propriété d'un autre, on doit lui en donner un nouveau ([2]).

On peut encore devenir propriétaire d'un fonds militaire par l'occupation, mais c'est là l'exception. Il en est ainsi quand un soldat a été condamné pour meurtre : si aucun de ses héritiers ne se présente, le premier venu peut s'emparer de la terre et, moyennant la prestation de la charge, il est considéré comme propriétaire légitime ([3]).

La prescription est aussi admise en notre matière, et comme la terre militaire est inaliénable, l'acquéreur, nous dit le Porphyrogénète ([4]), est considéré comme de mauvaise foi et par suite ne peut devenir propriétaire qu'après un long temps de possession qui reste fixé à quarante ans. C'est un des rares cas dans lesquels une terre militaire sortie des mains de son propriétaire ne peut plus être revendiquée. Pour le cas particulier où il s'agit de fonds arméniens, le délai se trouve notablement raccourci ; il est vrai que l'hypothèse n'est plus ici exactement la même que précédemment. Il n'est plus question de fonds vendus par un militaire, ou volés, mais de

([1]) Zach., *J. G. R*, III, Nov. XVIII, c. 1, p. 290, ligne 6.
([2]) Zach., *J. G. R.*, III, Nov. XVIII, c. 1, p. 291, ligne 15.
([3]) Zach., *J. G. R.*, III, Nov. XVIII, c. 2, p. 291, *in fine*.
([4]) Zach., *J. G. R.*, III, Nov. VIII, c. 1, p. 263 *in fine*.

fonds abandonnés par leurs possesseurs et donnés en garde à des chefs ou à des soldats qui n'ont qu'un simple droit de possession susceptible cependant de devenir un droit de propriété au bout d'un temps relativement court et suivant certaines distinctions. Les biens ont-ils été donnés dans l'intention d'empêcher la disparition momentanée de la servitude d'utilité publique dont ils sont grevés : alors un délai de trois ans suffit pour que le possesseur devienne incommutable propriétaire; et encore ce délai est-il réduit à un an si l'Arménien fugitif a abandonné sa terre pour se rendre en Syrie, ce qui est particulièrement grave. Si les biens ont été donnés simplement dans une pensée de gratification et par Lécapène ou l'un quelconque des κουρατωρείαι (¹), le délai est de trente ans; si le soldat arménien revient avant cette époque, il pourra parfaitement revendiquer. C'est là un genre de prescription assez curieux, le temps de possession exigé étant basé non seulement sur la qualité de cette possession (à titre de gratification, ou à condition de prester le service militaire), mais aussi sur le lieu où a bien pu se rendre le propriétaire absent. Cela s'explique du reste, car ici il y a combinaison de trois idées : stabilité de la propriété, qui, autant que possible, doit rester dans les mêmes mains; importance pour l'Etat de la prestation du service militaire et par suite de l'occupation constante, par des στρατιῶται, des champs qui en sont grevés; peine à infliger au soldat arménien qui a abandonné son fonds. Malgré cela, c'est bien

---

(¹) Κουρατωρείαι, les curateurs, id est, ceux qui gouvernèrent l'Empire pendant toute la première partie du règne de Constantin VII; il s'agit par conséquent d'Alexandre, oncle de l'empereur, de Stéphane le Magister et de Jean le Recteur, et surtout de Lécapène et de ses fils Christophe, Stéphane et Constantin.

là une véritable prescription que Nicéphore organise (¹).

De ce que nous venons de dire, il résulte qu'un acquéreur de biens militaires inaliénables, et même un usurpateur, peut, avec l'aide du temps, devenir propriétaire sans avoir à craindre l'éviction ; il en est absolument de même à *fortiori* pour le sous-acquéreur, ainsi que nous le dit Romain II dans sa novelle sur les fonds militaires (²).

Le mode le plus fréquent d'acquisition de la propriété d'un fonds militaire, c'est la succession (³) ; à la condition qu'il

---

(¹) Zach., *J. G. R.*, III, Nov. XVIII, c. 1, p. 290.

(²) Zach., *J. G. R.*, III, Nov. XVI, c. 3, p. 286. Ce texte n'est pas très clair et semble à première vue répéter ce qui le précède, chose inadmissible, puisqu'il constitue à lui seul un chapitre entier de la novelle : il faut donc admettre qu'il vise un cas particulier, mais lequel ? On est d'abord tenté de l'opposer au chapitre qui le précède immédiatement, et où il est question d'acquisition faite par écrit, et de voir dans les mots ἀγορᾶς, ἤ δωρεᾶς, ἤ ἀνταλλαγῆς, ἤ ἀντιλήψεως τρόπῳ une opposition voulue aux mots διὰ λιβέλλων, èt ce qui confirme dans cette idée, c'est l'article τοὺς, qui précède le mot τόπους et indique par là qu'il est question des biens dont on vient de parler. Tout cela signifierait alors qu'un inspecteur ou un officier impérial est puni chaque fois qu'il transmet la propriété d'un bien militaire autrement que par écrit. Mais d'abord on ne voit pas les motifs de cette différence. Puis il n'y a pas de raison pour que l'expression τοὺς τόπους ne se rapporte pas aux deux chapitres précédents, bien au contraire, car si elle se rapportait seulement au second, il y aurait eu de bons motifs pour confondre en un seul les chapitres II et III. Enfin, la dernière phrase du chapitre III vient rendre impossible notre première explication. En effet, il y est question de la bonne foi du vendeur, du donataire, etc. ; or, si ces mots se rapportaient aux ἐπόπται et aux βασιλικοί στρατιῶται, on ne voit pas pourquoi la bonne foi serait exigée d'eux dans le chapitre III et non dans le chapitre II. La seule explication possible, c'est de dire qu'il est ici question d'acquisition de seconde main, et notre texte peut être ainsi résumé : Le sous-acquéreur qui a acquis de bonne foi, c'est-à-dire par vente, donation, etc., sera traité comme un acquéreur de bonne foi : et, s'il y a une peine à appliquer, elle sera pour le vendeur, le donateur, etc., si lui-même avait acquis les biens de mauvaise foi, c'est-à-dire en dehors de toute vente, donation etc., ou mieux par vol et violence.

(³) Zach., *J. G. R.*, III, Nov. VIII, c. 1, p. 262, ligne 12.

n'en sépare pas la charge, tout soldat peut transmettre sa
terre comme il l'entend, par conséquent aussi bien par testament qu'*ab intestat*. Dans ce dernier cas, les descendants se
présentent les premiers, puis les ascendants, puis les collaté-
raux : c'est le droit commun ; tous viennent à la succession,
chacun en son rang, qu'ils soient parents légitimes ou natu-
rels. Si le *de cujus* a fait un testament, il a pu valablement
tester en faveur d'un étranger, même s'il est civil, παγάνος ([1]),
seulement celui-ci est tenu comme tout autre de la charge de
servir.

Dans l'un et l'autre cas, plusieurs personnes peuvent venir
ensemble à la succession ; alors se pose la question de savoir
comment sera remplie la fonction militaire. Elle ne saurait
se diviser, si du moins il s'agit d'un fonds grevé de la servitude de fournir et d'entretenir seulement un soldat. Chacun de ceux qui retirent quelque chose de la succession con-
tribue alors à la charge dans la proportion de ce qu'il reçoit ([2]).
L'un fournit, par exemple, la monture, l'autre l'équipement,
le troisième le soldat lui-même. Les textes ne disent pas si
l'un des héritiers est tenu de servir en personne et on ne voit
guère pourquoi il l'exigerait ; il est vraisemblable d'admettre
que, dans de telles circonstances, si aucun d'eux ne voulait
être soldat, les intéressés faisaient appel à un tiers non possesseur de terre militaire qu'ils équipaient et payaient. L'État,
qui, en fin de compte, ne demandait que deux choses, d'abord
avoir des soldats, ensuite voir chaque στρατεία fournir le sien,
devait considérer d'un œil absolument indifférent cette subs-
titution faite pour satisfaire tout le monde.

([1]) Παγάνος, *qui a militia arcetur* (Du Cange, Glossarium).
([2]) Zach., *J. G. R.*, III, Nov. VIII, c. 1, p. 262, ligne 23.

On peut donc par succession devenir propriétaire, pour partie, d'un fonds militaire; par le même mode, on peut acquérir plusieurs fonds et devoir par suite plusieurs charges. Aucun texte ne nous le dit, mais comme aucun ne parle du contraire, nous considérons cette opinion comme une certitude. Ainsi il arrive que la possession militaire d'un seul est grevée de la servitude de fournir plusieurs hommes. S'il s'agit de la succession à un pareil fonds, au point de vue du partage, le principe est le même que celui énoncé plus haut : Chacun preste la charge proportionnellement à ce qu'il reçoit; seulement il peut se faire qu'il revienne à chacun suffisamment de terres pour fournir, entretenir et équiper un homme; dans ce cas, la terre comme la servitude se divisera et la στρατεία primitive se fractionnera en plusieurs στρατεῖαι moins importantes qui, désormais, seront les unes par rapport aux autres absolument indépendantes.

D'après ce que nous venons de voir, tout le monde peut donc succéder au soldat aussi bien dans son droit de propriété que dans sa charge, même un civil. Cependant Constantin fait exception pour les puissants ([1]). Dans tous les cas et quel qu'il soit, le δυνατός est écarté, parent ou non, στρατιώτης ou πολίτης, appelé par la loi ou par la volonté du défunt ; tout le monde, mais pas lui. Cela s'entend bien entendu pour le cas général où il s'agit de la succession d'un simple soldat, d'un soldat pauvre, et c'est le contraire qui se produit quand le militaire défunt est un puissant.

Donc, en principe, un puissant ne peut succéder à un simple soldat. Quels sont les puissants ? La liste nous en est

([1]) Zach., *J. G. R*, III, Nov. VIII, c. 1, p. 262, *in fine*.

donnée entière dans la novelle de 935 de Romain Lécapène [1].
Sont considérés comme puissants : les grands dignitaires de
l'Empire, μαγίστροι, πατρικίοι, sénateurs ; les hauts fonctionnaires civils ou militaires, στρατηγοί, θεματικοί ἄρχοντες ἢ ἀπάρχοντες;
puis tous les princes de l'Eglise μητροπολιτοί, ἀρχιεπισκόποι,
ἐπισκόποι, ἡγούμενοι, métropolitains, archevêques, évêques, su-
périeurs des couvents ; puis ceux qui sont à la tête des maisons pieuses et des maisons impériales ; en un mot tous ceux
qui par leur rang, leur puissance ou leur fortune sont les
premiers dans l'Etat.

Pourquoi les puissants sont-ils écartés de pareilles succes-
sions ? Nous en verrons les raisons quand nous nous occuperons des règles particulières relatives à la protection des
στρατιωτικὰ κτήματα; elles sont toujours les mêmes et ont pour
base le système financier et foncier admis dans l'Empire à
l'époque que nous étudions.

Concession, prescription, occupation, succession, et aussi
exercice de la προτίμησις que nous verrons plus tard, tels
étaient les modes admis à Byzance pour devenir propriétaire
d'un fonds militaire ; il était impossible de le devenir autrement. La vente, la donation, l'échange, l'ἀντίληψις [2], ne donnaient qu'une propriété viciée qui pouvait être contestée par
l'aliénateur et par une foule d'intéressés ; seule la prescription pouvait donner une valeur réelle et indiscutable à ce
fantôme de droit.

Nous savons ainsi comment s'acquérait la propriété d'un
fonds militaire, il nous reste à rechercher comment on la
perdait.

[1] Zach., *J. G. R.*, III, Nov. V, c. 1, p. 246, ligne 16.
[2] V. *infra* le sens de ce mot.

Une aliénation quelconque ne suffisait pas pour que le soldat eût définitivement perdu tout droit sur sa chose ; pour
que ce résultat fût atteint, il fallait que la prescription de
quarante ans eût été accomplie. Nous avons assez insisté sur
la question pour ne pas avoir à y revenir.

Le bien d'un soldat pouvait donc être prescrit par un tiers ;
il pouvait aussi lui être retiré par l'autorité supérieure, et ceci
dans les deux cas suivants :

1° Il arrivait parfois qu'un militaire était tellement pauvre,
que non seulement à lui tout seul il ne pouvait supporter le
poids du service, mais que même cela lui était impossible
avec l'adjonction de συνδόται (¹). En présence d'une pareille
détresse, on ne voyait qu'une solution, c'était de retirer la
terre, de la confisquer ; solution rigoureuse, mais la plupart
du temps juste, car en général, c'était le soldat lui-même qui
par sa paresse et sa négligence s'était fait l'artisan de sa propre ruine. De plus, le fonds avait été concédé en vue du service à accomplir ; du jour où cette charge n'était plus remplie,
la concession n'avait plus sa raison d'être, et en l'annulant
l'autorité ne sortait pas des limites de l'équité. Le soldat ainsi
dépossédé était chassé des légions ; désormais, il faisait partie
de la classe des Apélates, moitié bandits, moitié soldats, qui
sans demeure fixe erraient en bandes dans les thèmes frontières, prenant chez les Byzantins ce qu'ils ne pouvaient pas
toujours se procurer chez leurs ennemis. Sa situation n'était
cependant pas désespérée, ni sa vie militaire perdue ; dans sa
nouvelle condition il pouvait revenir à meilleure fortune, d'une
façon plus ou moins honnête, il est vrai, mais peu importait ;

(¹) Voir *infra* ce que sont les συνδόται et quel est leur rôle, p. 76.

et alors, il lui était permis de reprendre ses fonctions d'autrefois, et ses biens gardés entre temps par le fisc qui en avait perçu les fruits lui étaient rendus. Tout ceci nous est relaté par le Porphyrogénète dans les Cérémonies ([1]). Il n'y est pas question du soldat qui refusait de prester le service militaire ; il est probable qu'il était aussi chassé, mais ici sans espoir de retour.

2° Le στρατιώτης qui négligeait de cultiver son champ ou qui le quittait pour longtemps, se le voyait aussi confisquer, d'abord temporairement, comme nous l'avons vu, puis d'une façon définitive ([2]). La raison en était toujours la même ; l'intérêt de l'Etat, l'importance qu'il y avait à ce que chaque γῆ βασιλική eût constamment un titulaire pour la faire valoir, et supporter avec les fruits produits les lourdes charges qui lui étaient imposées.

Nous en avons ainsi fini avec l'étude des droits des soldats. Il nous faut voir quelles sont les obligations qui en étaient la contre-partie.

II

Les obligations des possesseurs de terres militaires.

Les στρατιωτικὰ κτήματα étaient grevés de la charge perpétuelle de service militaire ; ils n'étaient concédés qu'avec cette servitude ; ils ne pouvaient être acquis ou transmis qu'avec elle. Quiconque acceptait la propriété du fonds était tenu par cela même des prestations du soldat et ne pouvait s'en affranchir qu'en renonçant au fonds lui-même.

([1]) De *Ceremoniis*, II, 49, p. 696.
([2]) Zach., *J. G. R.*, III, Nov. XVIII, c. 1, p. 290.

La charge de servir consistait en ceci que le propriétaire du champ militaire devait, avec ses revenus, s'entretenir et s'équiper, et de plus répondre à l'appel des chefs chaque fois que ceux-ci le croyaient utile. Elle était plus ou moins onéreuse suivant qu'il s'agissait d'un service dans la cavalerie, dans l'infanterie, ou dans la flotte; suivant la situation du fonds dans un thème relativement paisible comme ceux du centre, ou dans une province fréquemment envahie comme celles qui avoisinaient la Bulgarie ou les territoires musulmans. Aussi verrons-nous que, dans les mêmes proportions, la valeur de la $\gamma \tilde{\eta} \beta \alpha \sigma \iota \lambda \iota \varkappa \acute{\eta}$ variait. Nous avons déjà dit que le soldat n'était pas tenu de servir en personne et qu'à la condition de fournir, d'équiper et d'entretenir un individu quelconque apte au service et le prestant, il était à l'abri de toute réclamation.

Il pouvait arriver qu'un possesseur militaire ne pût, pour diverses raisons, remplir la charge dont son fonds était grevé. Si cette incapacité découlait de l'âge ou de la maladie, le soldat ainsi frappé par le sort recevait la dispense de servir [1]. Il ne faisait plus partie des légions sacrées, mais il conservait tous les avantages attachés à la fonction de soldat et sa personne et sa propriété continuaient à jouir de la protection toute particulière de la loi [2]. Si l'impossibilité de remplir sa charge provenait pour le soldat de sa pauvreté, si une partie de son fonds lui avait été enlevée, si ses instruments de labour lui avaient été volés, si en un mot il ne pouvait avec ses seules ressources s'entretenir et s'équiper,

[1] Nous adoptons ici l'opinion de Zachariæ, qui traduit $\alpha \delta \omega \rho \varepsilon \acute{\iota} \alpha \varsigma$ par congé pour âge ou maladie. *Revue historique de droit français et étranger*, 1869, p. 70.

[2] Zach., *J. G. R.*, III, Nov. VIII, c. 1, p. 264, ligne 5.

sans être toutefois dans une extrême misère, auquel cas on l'aurait chassé de l'armée, on lui adjoignait des compagnons d'armes à peu près dans la même position que lui qui devenaient ses συνδόται. A eux tous, ils étaient chargés de fournir le service d'un soldat; ils mettaient en commun leurs terres, leurs instruments aratoires, leur travail, leurs récoltes et ils s'arrangeaient entr'eux. L'État leur demandait seulement de lui envoyer un soldat à la première réquisition et si la prestation n'était pas faite au moment voulu, ils étaient expulsés et relégués au rang des Apélates (¹).

De ce que le soldat était tenu de s'équiper et de s'entretenir avec les fruits de sa terre, il résulte qu'il était aussi tenu de cultiver : nos textes ne le disent pas, mais l'obligation s'impose. De plus, il ne devait pas s'absenter, du moins pour une période trop longue, et cela se comprend parfaitement. S'il s'éloignait, la terre n'était plus cultivée, d'où perte appréciable au point de vue économique ; de plus, la charge n'était pas prestée, ce qui en se généralisant pouvait devenir un véritable danger.

Les Arméniens se faisaient remarquer entre tous par leur instabilité et leur goût pour les aventures, tellement que l'empereur Nicéphore Phocas dut intervenir (²) pour porter un remède à ce mal particulièrement dangereux. « Si cette constitution », dit Nicéphore, « n'était pas arrivée à temps pour mettre un terme à la mobilité des Arméniens, si ceux-ci avaient continué à pouvoir librement quitter leur fonds et émigrer pour revenir ensuite sans encombre, toute l'organisation des fonds arméniens eût été compromise. » C'est pour éviter

(¹) *De Ceremoniis*, II, 49, p. 695.
(²) Zach., *J. G. R.*, III, Nov. XVIII, p. 290.

ce résultat, que l'empereur prend une série de mesures contre les Arméniens en fuite. S'ils s'absentent, leurs biens sont
donnés en garde à des soldats ou à des chefs, et s'ils ne revien-
nent pas dans un délai déterminé, ils ont définitivement perdu
tout droit sur ces biens. En principe, ce délai est de trois ans :
après trois ans écoulés, ils n'ont plus d'action en revendication : si la terre à été donnée à un soldat, ou même s'il s'en
est emparé, c'est désormais lui qui est le détenteur légal. Si
le soldat arménien a fui en Syrie, c'est-à-dire chez les musulmans, ce qui est de la dernière gravité, il est plus sévèrement
puni encore, car le délai, au lieu d'être de trois ans, se trouve
réduit à une année. Enfin pendant la minorité de Constantin et
le règne de Lécapène et de ses fils, les biens arméniens abandonnés avaient été donnés à des puissants non point pour
qu'ils prestassent le service militaire, mais simplement à titre
de présent gracieux : Nicéphore voit là une pratique mauvaise, nuisible pour l'intérêt de l'Etat ; il estime qu'il serait
impolitique de protéger outre mesure les droits de ces puissants qui n'ont rien à voir avec l'intérêt public, aussi oublie-t-
il momentanément qu'il veut avant tout punir les défaillances
des Arméniens, et il dispose que dans ce cas ces derniers
pourront revenir et revendiquer leurs biens pendant trente
années malgré les écrits d'inspecteurs et les bulles d'or que
les possesseurs pourraient invoquer en leur faveur ; ce droit
de revendication appartient, naturellement, aussi bien aux
soldats qu'à leurs héritiers.

Malgré sa sévérité habituelle, l'empereur s'arrête là; il se
borne à une sorte de confiscation des terres. Pas de peines
corporelles; pas de dégradation militaire. Et encore rend-il
cet ensemble de dispositions absolument illusoire, en décidant

finalement qu'il sera donné d'autres biens à ceux de ces soldats qui reviendront après le temps écoulé. Tant il est vrai que les empereurs byzantins ne poursuivaient ni un idéal de justice, ni la réalisation de ce principe que l'Etat doit rester le maître et que l'individu doit lui obéir, mais simplement la mise en pratique constante de cette double règle déjà citée : Tous les στρατιωτικὰ κτήματα doivent être occupés ; les occupants doivent le service militaire. Le pouvoir central était trop faible pour demander autre chose ; il menaçait souvent, en définitive ce n'était que bien rarement qu'il frappait. Nicéphore Phocas, esprit réformateur ferme et tenace, dut suivre la pente inexorable où la faiblesse, la crainte, l'insécurité, et les traditions avaient entraîné ses devanciers ; il ne fut réellement lui-même que dans sa fameuse Novelle sur les monastères, et l'expérience lui prouva qu'il avait eu tort de n'avoir pas fermé les yeux comme l'on avait toujours fait, et d'avoir voulu faire respecter les droits de l'Etat ; ce fut là la cause initiale de son impopularité subite et de sa mort.

Si l'obligation imposée au soldat de ne pas quitter sa terre n'eut ainsi qu'une insuffisante sanction, celle de ne pas l'aliéner en fut toujours dépourvue. Dans toutes les constitutions, défense est faite au soldat d'aliéner son champ ; mais s'il l'aliène, aucune peine ne lui est appliquée ; et à dire vrai, malgré les termes de la loi, on voit plutôt en toutes ces matières une défense d'acquérir les biens militaires, défense qui, elle, est rigoureusement sanctionnée, comme nous le verrons, par le droit de revendication toujours possible.

En dernier lieu, le possesseur de terres militaires devait l'impôt aussi bien qu'un civil ; sur ce point les anciennes traditions n'avaient pas été suivies. Cela nous paraît presque

invraisemblable à première vue, car la charge de servir était
suffisamment lourde à une époque de guerre constante sans
qu'on vînt y ajouter celle de payer l'impôt. Mais il faut se
rappeler que, dans le principe, les terres avaient été concédées et non vendues, et que par suite les charges imposées
avaient dû être considérées comme l'équivalent d'un prix qui
n'avait pas été payé; puis peut-être, les textes ne nous en
disent rien, les terres militaires étaient-elles moins lourde-
ment imposées que les terres civiles. Ce qu'il y a de certain,
c'est qu'en présence d'un texte formel, on doit forcément
admettre que les στρατιωτικὰ κτήματα payaient l'impôt. Ce texte
c'est la Novelle de Constantin Porphyrogénète sur les fonds
militaires (¹); elle parle des συντελεσταὶ στρατιῶται du soldat, c'est
à-dire de ceux qui, étant militaires, prestent quelque chose
en commun avec lui, ce qui pourrait s'entendre de la charge
de servir; mais elle mentionne ensuite les πολιτικοὶ συντελεσταί,
c'est-à-dire les civils qui sont assujettis à une prestation en
même temps que le soldat et solidairement avec lui; or ici,
il ne peut plus être question de service militaire, et la charge
à supporter en commun ne saurait être autre chose que l'impôt. La fin du texte vient donner plus de force encore à notre
manière de voir en décidant qu'en dernière ligne seront reçus,
pour le droit de revendication des biens militaires, les πολιτικοὶ συντελεσταί πρὸς τὸ μὴ διαπίπτειν τὸν ἐκ τοῦ κήνσου φόρον, pour que
l'impôt du cens ne s'évanouisse pas.

Mais nous avons dans les Cérémonies (²) un texte plus lim-
pide encore. A propos des captifs sarrasins qui se sont fait
baptiser, Constantin décide qu'il leur sera donné des terres

(¹) Zach., *J. G. R.*, III, Nov. VIII, c. 2, p. 265.
(²) *De Cérem.*, II, 49, p. 694.

militaires et qu'ils pourront se marier dans.les familles græ-
co-romaines. Et alors, ajoute-t-il, eux-mêmes et les familles
militaires οἱ στρατιώτικοι οἶκοι dans lesquelles ils auront été reçus
seront dispensés pendant trois ans de payer τὴν συνονὴν καὶ
τὸ καπνικόν, l'annone, impôt en nature destiné à l'entretien des
troupes et des employés et allant, non point comme l'impôt
foncier au trésor du *comes sacrarum largitionum*, mais dans
les caisses du Préfet de la ville et du Préfet du prétoire ; et
la *capitatio*.

Il résulte donc de notre premier texte que les militaires
payaient l'impôt foncier, du second qu'ils devaient aussi
l'*annone* et la *capitatio*. Nous avons à voir maintenant, si
relativement à ces prestations ils supportaient l'ἐπιβολή (¹).

En principe, l'ἐπιβολή, que nous n'avons pas à étudier dans
ses détails, consistait en ce que si un propriétaire civil ne
pouvait plus payer l'impôt, ses biens lui étaient enlevés et
distribués à ses ὁμοτελεῖς, à ses συντελεσταί (²), qui à l'avenir
étaient responsables envers le fisc.

Les biens militaires subissaient-ils l'ἐπιβολή ? Certainement
non. Nous verrons plus loin qu'ils étaient insaisissables ; par
suite, ils ne pouvaient être enlevés aux soldats par le fisc
pour être donnés à d'autres.

Dans l'hypothèse inverse, notre conclusion doit être la
même. Le fisc ne pouvait pas ôter à un militaire sa γῆ βασιλική,
il ne pouvait pas davantage lui imposer la propriété des terres incultes du voisin ; c'eût été contraire à tous les principes.
Constantin nous dit, dans sa grande Novelle, qu'il veut empêcher que les biens militaires ne « s'affaiblissent » : « καὶ ἐπειδὴ

(¹) H. Monnier, L'ἐπιβολή, *Nouvelle Revue historique*, 1892, p. 540 et 541.
(²) Voir *infra* le sens de ces mots.

τῷ χρόνῳ τὰ τῶν σρατιωτῶν ἀρρωστήσαντα, ὅθεν αὐτοῖς καὶ ἡ τοῦ εἶναι καὶ ζῆν προσῆν ἀφορμή, πρὸς τό χαλεπώτερον ἐναπέκλινον, ἡ ἐκ θεοῦ βασιλεία ἡμῶν πρὸς τὸ εὐεκτοῦν καὶ ἀμεινότερον ταῦτα μετήνεγκε, κοινὴν τῷ παντὶ χαρισαμένη τὴν λυσιτέλειαν » (¹) ; or, adjoindre aux terres militaires des terres infertiles c'eût été justement vouloir les affaiblir. Telle est notre raison de conclure.

Mais le soldat pouvait posséder aussi des biens civils. Ceux-là, on pouvait parfaitement les lui enlever, et les donner non point à ses συντελεσταὶ στρατιῶται, nous venons de voir que ce n'était pas possible, mais à ses πολιτικοὶ συντελεσταί, qui désormais étaient tenus d'en payer l'impôt.

Tel était le seul cas dans lequel l'ἐπιβολή s'appliquait aux militaires. Nous en avons terminé avec leurs obligations; nous avons vu leur situation, leurs droits; et notre étude sur les στρατιῶται serait achevée, s'il ne nous restait à examiner deux ordres de dispositions qui ont paru très importantes aux Basileis; celles qui concernent la protection des soldats contre les abus des puissants, et celles qui ont trait aux biens des soldats criminels.

III

Mesures protectrices contre les abus des puissants.

De tous les ennemis qui pouvaient fondre sur le soldat pauvre, le plus terrible n'était ni le Bulgare ni le Sarrasin, ni aucun des barbares avec qui il était continuellement en lutte ; le plus terrible, c'était le δυνατός, le puissant, plus à craindre que la peste et que la famine. « Les riches, dit le Porphyrogénète, ont bouleversé tout ; ils se sont appropriés en masse

---

(¹) Zach., *J. G. R.*, Nov. VIII. Préambule, p. 261.

les champs des militaires, amenant ceux-ci en esclavage, et n'ayant qu'une crainte, celle de se voir devancer par de plus cupides qu'eux. Ç'a été la lutte générale des maux, et le danger a été d'autant plus grand que si les faibles allaient chaque jour s'appauvrissant, par contre la puissance des grands croissait sans cesse. Les chefs de l'armée, les stratèges eux-mêmes pillaient les soldats, ou en échange de présents leur donnaient la dispense de servir : hommes vénaux, paresseux et lâches, plus vils que des fourmis, plus rapaces que des loups ; plutôt que de faire rendre gorge aux ennemis, ils ont pressuré leurs malheureux subordonnés et certes ils ont poussé l'Empire vers le plus grand des périls ». Ainsi civils ou militaires, les puissants s'attaquent tour à tour avec un cynisme que rien n'émeut à la propriété des soldats et à leur personne ; abus intolérable que presque toutes les constitutions impériales du x⁰ siècle essayèrent de déraciner, mais en vain : à des degrés d'acuité différents, suivant que les tendances des puissants sont plus égoïstes ou plus humanitaires, suivant que les besoins de la plèbe sont plus ou moins pressants et ses désirs plus ou moins violents, suivant qu'elle est sollicitée davantage par des idées de démagogie ou par des pensées d'ordre et de paix, la question sociale est éternelle.

Nous ne voulons nous occuper pour l'instant que de la législation des empereurs touchant la protection de la personne des militaires. Elle est contenue presqu'en entier dans la grande novelle de Constantin Porphyrogénète (¹) qui déclare lui-même qu'il y règle la question avec le plus de soin possible, et qui punit d'amende les puissants coupables

(¹) Zach., *J. G. R.*, III, Nov. VIII, c. 3, p. 265 et 266.

d'avoir attenté à la liberté des soldats. Cette atteinte à la liberté se caractérisait d'ordinaire par un demi-asservissement. Le soldat, attiré violemment ou non dans la maison du riche, y demeurait à titre de colon, ἐν παροίκου λόγῳ ; πάροικος désignant d'après Mortreuil (¹) le colon, appelé aussi ἐναπόγραφος, attaché à la terre et ne pouvant rien posséder, par opposition au μισθωτός, l'ouvrier mercenaire qui, lui, pouvait disposer de ce qui lui appartenait.

Il arrivait fréquemment qu'un δυνατός s'emparait à la fois d'un militaire et de son champ : dans ce cas, dispose la Novelle précitée, le coupable, convaincu de son crime, devra une amende de trente-six nomismes (²); dix-huit reviendront au fisc et constitueront à proprement parler une peine ; dix-huit seront attribuées à titre de dommages-intérêts au soldat lésé qui, bien entendu, sera rendu à la liberté et se servira de la somme reçue pour revendiquer et recouvrer son bien.

Le δυνατός peut retenir le soldat en sa possession et aussi ses terres, mais ici après les lui avoir achetées et non point à la suite d'un vol. En ce qui concerne l'acquisition, tout se passe comme nous le verrons plus tard : l'acheteur rend la terre, mais le vendeur garde le prix. De plus, pour avoir touché à la personne d'un soldat, le puissant paiera vingt-quatre nomismes qui seront perçues, pour le tout, par le fisc.

Enfin, il peut être question d'un puissant qui, sans avoir rien tenté contre la propriété militaire, a seulement arraché à son champ un soldat parfaitement capable de remplir son service : celui-là devra six nomismes au fisc pour chaque sol-

---

(¹) Mortreuil, *Histoire du droit byzantin*, III, p. 54.

(²) Le nomisme était une monnaie d'or valant 1/72 de la λίτρα qui, elle-même, pesait une livre romaine, soit 327 grammes.

dat et pour chaque année, εἰς ἕκαστον ἐν ἑκάστῳ χρόνῳ ἓξ νομίσματα ὁ ἐξχουσσεύσας εἰσπραχθήσεται. Le sens de ἐξχουσσεύσας est loin d'être fixé. Leunclave le traduit par *qui excusavit*, ce qui nous paraît un contre-sens. D'autre part, nous trouvons presque calqué sur ἐξχουσσεύσας, le mot latin *excussor*, à qui Du Cange donne la signification de *parricida, homicida, sicarius, satelles, latro*, etc. L'idée dominante en tout cela est évidemment celle de culpabilité. Nous avons cru pouvoir traduire ὁ ἐξχουσσεύσας par *excussor*, le coupable.

Une exception nécessaire est faite à la règle que nous avons posée tout à l'heure : il y avait dans l'armée des soldats spécialement affectés au service des chefs, stratèges ou autres ; si c'est un de ces soldats qui est retenu dans la maison d'un riche et avec l'autorisation du chef qu'il doit servir, Constantin décide qu'aucune peine ne sera infligée à celui qui possèdera le soldat dont il est question. Mais, pour cela, les deux conditions sont absolument de rigueur : classement du militaire parmi les gens de service, autorisation supérieure.

Telle est la loi ; mais il ne faut pas pour cela que les juges soient d'une sévérité excessive. Qu'ils appliquent la loi avec sagesse et dans toute son intégrité, mais qu'ils n'en dépassent pas l'esprit. Si l'amende doit forcément atteindre le coupable, elle doit être écartée avec soin du riche moins cupide que généreux. Aussi celui qui recueillera un soldat chez lui, à titre de colon, ou qui le fera travailler à gages alors qu'il a volontairement quitté une terre infertile, ou qu'un autre l'en a chassé ou dépouillé, celui-là ne sera en rien inquiété, au contraire, il aura bien mérité de l'État.

Ce sont là les dispositions prises par le Porphyrogénète sur notre matière. Son fils Romain II revint sur la question dans

sa novelle de 962 sur les fonds militaire (¹), non point pour
modifier la législation antérieure mais pour l'interpréter en
partie, et surtout pour donner une force nouvelle à des dispositions qu'on appliquait mal, ou qu'on n'appliquait même pas
du tout ; éternelle besogne des Basileis dont l'activité législa-
tive resta bien souvent impuissante en présence de la tendance générale des Byzantins à ne jamais observer la loi.

Romain répète après son prédécesseur que celui qui aura
recueilli un soldat volontairement parti de sa terre, en principe ne sera pas puni. Mais il ne se borne pas à cette disposition générale, il veut plus de précision, et il envisage tour
à tour différentes hypothèses qui peuvent se présenter. Le
στρατιώτης peut quitter sa terre pour plusieurs raisons : d'abord
si elle ne lui suffit pas pour son entretien, puis s'il en est
chassé par quelque puissant, enfin si las du métier militaire
il abandonne des avantages dont il ne veut pas supporter la
contrepartie.

Dans les deux premiers cas tout se passera comme auparavant : la règle générale s'applique. Mais dans le troisième
cas, il n'en sera pas toujours de même, et celui qui aura
reçu chez lui un soldat valide ayant quitté son champ sans
motif sera puni, à moins cependant que le soldat n'ait chargé
quelqu'un de remplir à sa place la charge de servir. Et encore
faudra-t-il, pour que la peine soit appliquée, que la mauvaise
foi du puissant soit manifeste, indubitable, et pour cela qu'il
ait été averti de la qualité de celui qu'il a recueilli par ceux
qui étaient en mesure de le faire, c'est-à-dire les stratèges et
les comtes s'il s'agit d'un fantassin ou d'un cavalier, les dron-

(¹) Zach., *J. G. R.*, III, Nov. XVI, c. 4, p. 286.

gaires s'il est question d'un matelot, les chefs subalternes, ou enfin les compagnons d'armes du fugitif et spécialement ceux qui s'étaient joints à lui pour supporter en commun la charge du service militaire, les συνδόται. La peine n'est indiquée par Romain que par les mots ἡ στρατιωτικὴ ζημία. Nous ignorons jusqu'à sa nature, et nous ne pouvons nous en rapporter à ce qu'elle était dans le passé, puisque dans le cas qui nous occupe, Constantin Porphyrogénète n'avait pas jugé bon de sévir.

Le motif de cette disposition nouvelle, c'est qu'il a paru à l'empereur qu'il y avait un réel danger à laisser ainsi les soldats s'éloigner de l'armée sans s'y être fait remplacer. En punissant ceux qui sont à même de les recevoir, on diminue notablement les chances de voir pareil fait se reproduire. Romain ne dit pas si le fugitif aussi sera puni, mais cela nous paraît ressortir clairement du texte : ἐάν τινας τῶν στρατιωτῶν εἰς ἐσχάτην καταντήσαντας ἀπορίαν καὶ μηδόλως δυναμένους τὸ στρατιωτικὸν ὑπέρχεσθαι βάρος, ἀλλὰ καὶ ὀδυρομένους, ἐὰν ὑπεδέξαντό τινες, μήτε ὑπὲρ τούτων μήτε ὑπὲρ ἐκείνων (τουτέστι τῶν ἠπορημένων στρατιωτῶν) τὴν στρατιωτικὴν ὑφίστασθαι ζημίαν. Dire que celui qui a quitté son champ poussé par la misère, ou chassé par la violence n'aura rien à craindre de la loi, c'est bien dire en même temps que celui qui l'a quitté volontairement n'échappera pas à la punition méritée. C'est là le premier pas dans la voie où Nicéphore, en présence de la mobilité des Arméniens, sera forcé de rentrer résolument : nous avons déjà étudié cette matière.

IV

Dispositions relatives aux biens d'un soldat criminel.

S'il fallait protéger le soldat contre d'injustes attaques, il
était aussi nécessaire de le punir quand il violait lui-même la
loi. Le puissant qui inquiétait les στρατιῶται était condamné à
l'amende ; le στρατιώτης criminel subissait la peine fixée, τὴν
τιμωρίαν τοῦ νόμου, peine qui sans nul doute était la mort.

A qui revenait alors le bien militaire ? telle est la question
que nous allons brièvement étudier. Après la déchéance du
soldat, ses héritiers ont les mêmes droits qu'auparavant, car
ils ne doivent pas subir les conséquences d'une faute qu'ils
n'ont point commise : il n'y a pas confiscation du bien du
coupable ; sa succession s'ouvre normalement ; le parent le
plus proche, descendant, ascendant ou collatéral, est préféré
et devient propriétaire du champ à condition de supporter les
charges correspondantes. La connaissance du crime, et le
fait de s'être employé à le cacher ne constituent pas pour ces
successibles une cause de déchéance ; ils subissent, de ce fait,
une peine, mais leur droit de succession reste intact.

De plus, dans l'hypothèse que nous étudions, il est ajouté
à la liste des successibles *ab intestat ;* en effet, et pour le cas
particulier qui nous occupe, puisqu'il n'en est point parlé
ailleurs, à défaut de parents ou même à défaut d'accep-
tants, le premier venu, fût-il un civil, peut s'installer sur la
terre, et par ce seul fait il en est aussitôt légitime propriétaire, à la condition toujours de prester à l'armée les services
qui sont la contre-partie de la possession du champ. Telle
est la loi en cette matière d'après les deux constitutions

de Constantin Porphyrogénète et de Nicéphore Phocas (¹).

Ce dernier prince prévoit en outre ce que pourrait avoir de désavantageux pour l'Etat la pratique usitée alors de donner les biens du meurtrier comme consolation aux parents de la victime. Il ne peut être question de pareille chose en ce qui concerne les biens militaires, puisque nous avons vu qu'ils passent aux héritiers du soldat criminel. Mais il n'en est pas moins vrai que ceux-ci doivent indemniser d'une manière quelconque les héritiers du mort. Pourront-ils pour cela aliéner la γῆ βασιλική ? Non répond la constitution de Nicéphore : l'indemnité sera fournie en meubles, et si les meubles sont insuffisants ou font absolument défaut, l'indemnité ne sera que partielle, ou il n'y aura pas d'indemnité du tout. Toujours l'intérêt de l'Etat primant l'intérêt du particulier, toujours la préoccupation de conserver en mains sûres ces στρατιωτικὰ κτήματα principale ressource en vue du recrutement de l'armée, et par suite organe essentiel et vital de l'Empire.

Bien que souvent forcés de parler aussi de terres militaires, nous nous sommes plus spécialement occupés, dans ce chapitre, de leurs détenteurs ; il nous reste maintenant à étudier la condition des biens des soldats et les diverses dispositions législatives qui furent rendues à ce sujet pendant le cours du Xᵉ siècle.

(¹) Zach., *J. G. R.*, Nov. XI, c. 4, p. 275, et Nov. XVIII, c. 2, p. 291.

CHAPITRE V

LES ΣΤΡΑΤΙΩΤΙΚΑ ΚΤΗΜΑΤΑ

I

Régime de la propriété immobilière dans l'empire byzantin ([1])

Avant d'étudier la législation relative aux terres militaires, il nous paraît utile, pour en mieux comprendre le mécanisme, d'indiquer rapidement les principes généraux qui dominaient à notre époque en matière de propriété foncière.

La vieille distinction entre le droit *quiritaire* et *l'in bonis habere* avait depuis longtemps disparu, et quiconque était propriétaire avait un droit absolu que personne ne pouvait attaquer si ce n'est l'Etat et dans des circonstances toutes particulières et fort curieuses dont nous parlerons plus loin.

Mais l'énorme différence avec le passé consistait surtout en ceci que la base du régime de la propriété n'était plus ni l'équité, ni la raison, mais l'intérêt de l'Etat en matière fiscale. Les anciens Romains s'étaient surtout préoccupés de mesurer le droit de chacun suivant son origine, accordant un droit plein aux Quirites, un droit inférieur aux Latins et aux Italiens,

---

([1]) Zachariæ, *Histoire de droit civil græco-romain, Revue historique*, 1869, p. 19 et s.; H. Monnier, *L'* Ἐπιϐολή, *Nouvelle revue historique*, 1892, p. 125, 330, 497, 637; juillet-août 1894; et spécialement janvier-février 1895, p. 96 à 100; Platon, *La démocratie ancienne, Devenir social*, 1897 : juillet, p. 652 et s.; août-septembre, p. 733 et s.; octobre, p. 781 et s.

un fantôme de droit aux esclaves et rien du tout aux Barbares.
Les empereurs byzantins, se plaçant à un point de vue tout
nouveau, visaient plutôt à ce que la propriété fût distribuée
de façon à rendre possibles de lourdes impositions et à assurer leur perception. Il n'était plus guère question de droits
pour les particuliers, mais de sources de revenus pour l'Etat.

Le sol de l'Empire était divisé en terres civiles et en terres
militaires; les unes devaient seulement l'impôt en argent, les
autres devaient en outre l'impôt du sang; celles-là ne pouvaient appartenir qu'à des civils, celles-ci qu'à des soldats.
Chacun était définitivement enserré dans sa condition et ne
pouvait en sortir; si le soldat pouvait acquérir une terre civile,
ce n'est que dans de bien rares cas que le civil avait le droit
de s'installer sur une terre militaire. Il fallait que chacun
restât à sa place pour que le fisc sût toujours et sans hésita-
tion où percevoir l'impôt; et de façon que personne ne pût
l'éviter, il fallait aussi que chacun eût une situation, un caractère bien nets et ne prêtant pas à l'équivoque; il fallait enfin
qu'un même bien conservât indéfiniment sa nature. De cette
façon l'Etat, avec beaucoup de peine du reste, arrivait à se
faire prester ce qui lui était dû et dans des proportions con-
venables, redevances diverses d'un côté, service militaire de
l'autre.

Les terres civiles elles-mêmes étaient divisées en deux
classes, suivant qu'elles appartenaient à des δυνατοί ou à des
πένητες. Les πένητες, pauvres hères, étaient ceux qui payaient
l'impôt coûte que coûte et malgré tout; les δυνατοί, grands seigneurs, hauts fonctionnaires, et moines, s'arrangeaient toujours de façon à berner le fisc et à ne lui rien donner du tout:
mieux, ils venaient en concurrence avec lui sur les πένητες

qu'ils volaient et pillaient indignement et que parfois ils entraî-
naient en esclavage après leur avoir pris leurs biens. Tout cela
rendit nécessaire une double série de mesures aboutissant,
d'une part, à arrêter l'avidité croissante des grands, d'autre
part, à interdire toute transaction entre riches et pauvres en
matière de propriété foncière.

Donc trois sortes de terres, suivant qu'elles appartenaient
à un soldat, à un civil classé parmi les πένητες, ou à un δυνατός.
Ce n'est pas tout : si chacun devait une prestation déterminée, il était en outre responsable, dans une certaine mesure,
de l'insolvabilité de ceux qui possédaient des terres aux environs de la sienne. L'Etat avait trouvé là une combinaison
très ingénieuse qui lui assurait toujours, dans la mesure du
possible, la rentrée de l'impôt qu'il désirait lever.

Toutes les terres, militaires ou civiles, formaient à plusieurs
réunies un *vicus*, une ὁμὰς τῶν χωρίων ; plusieurs *vici* constituaient une métrocomie. Le *vicus* était l'unité imposable et
devait fournir au fisc une somme fixée, et les propriétaires
des divers fonds qui le composaient étaient tous solidaires en
présence de l'impôt. De même dans chaque métrocomie les
vici répondaient les uns des autres en ce qui concerne le
payement de la contribution foncière. Celui qui avait des terres de diverses valeurs payait comme si tout eût été fertile
et en plein rapport, et payait en plus pour ceux qui n'avaient
absolument que des terres incultes et qui étaient ses ὁμοτέλεις,
c'est-à-dire qui appartenaient, par la situation de leurs fonds,
au même *vicus* ou à la même métrocomie ; en compensation,
il recevait une partie de ces terres incultes dans la proportion de l'impôt qu'il devait désormais pour elles.

En présence de cette pratique qui avait reçu le nom

d'ἐπιβολή, on conçoit qu'il y avait pour chaque contribuable un intérêt direct à ce que toutes les terres de la métrocomie fussent convenablement cultivées, et à ce que ce ne fût pas le premier venu qui pût devenir propriétaire d'un champ voisin. Le principe de la responsabilité du groupe entraînait comme conséquence forcée la naissance de la προτίμησις, c'est-à-dire du droit de retrait. Cette προτίμησις consistait en ce que si un propriétaire voulait vendre sa terre, ou même la vendait sans avertir, certaines personnes avaient le droit, dans un ordre fixé, de prendre le marché pour leur propre compte ; les parents d'abord, puis les copropriétaires, puis les voisins, enfin les ὁμοτέλεις. De cette façon chacun pouvait être sûr que s'il était exposé à payer l'impôt, du moins il pourrait posséder la terre et la maintenir en état de fertilité (¹). L'Etat voyait ici un moyen de rendre justice aux particuliers et en même temps de mieux assurer encore la rentrée de l'impôt.

Telles étaient les particularités de l'organisation foncière byzantine. Ce court exposé était nécessaire pour mieux comprendre les dispositions qui ont trait aux terres militaires, dispositions qu'on ne saurait isoler de la législation générale en matière de propriété. Retenons surtout que le principe fondamental en toute notre matière était celui-ci : éviter la disparition de la matière imposable; assurer un titulaire à chaque fonds, que ce fonds fût grevé à la fois du service militaire et d'une prestation en argent, ou seulement d'une prestation en argent.

(¹) Tout ceci ne s'applique pas, par exception, au cas où il n'y a point vente, mais donation.

II

La ΣΤΡΑΤΕΙΑ *; son caractère; sa nature; sa valeur.*

La στρατεία, c'est la *militia* des Romains, le bénéfice militaire, l'entité juridique qui comprend à la fois le champ et la
servitude dont il est grevé, qui éveille en même temps l'idée
d'un droit de propriété sur un fonds de terre et d'une obligation correspondante de servir à l'armée (¹).

Ce n'est point par le mot στρατεία que l'on désigne la terre
militaire elle-même, abstraction faite de la charge qui l'ac-
compagne, mais par d'autres expressions dont nous nous
sommes du reste déjà servis et qui sont très variées. Ce que
les Romains appelaient *agri limitanei, fundi limitrophi,
prædia limitana,* les Byzantins l'appellent στρατιωτικὰ κτήματα,
στρατιωτόπια, γῆ βασιλική. Parfois même on se sert dans les
constitutions impériales de longues périphrases : τόποι τῆς
στρατείας ἤτοι αἱ ὑπὲρ τοῦ στρατεύειν οἰκονομίαι (²), et encore, κτήματα
ἐξ ὧν αἱ στρατεῖαι ὑπηρετοῦνται (³).

Au contraire, pour désigner la fonction militaire seule on
emploie souvent le mot στρατεία, bien que avec ce sens on se
serve plus généralement du pluriel αἱ στρατεῖαι.

Malgré cela, nous désignerons exclusivement dans la suite

(¹) V. notamment ce sens très accusé dans la Novelle sur le retrait, chap. III
Lécapène ordonne la nullité de toute vente de biens appartenant à un soldat, à
moins qu'il ne reste à celui-ci ce qu'il faut πρὸς τὴν τῆς νεᾶς στρατείας σύστα-
σιν, pour la constitution d'une nouvelle *militia*, d'un nouveau bénéfice. Zach., *J.
G. R.,* III, Nov. II, c. 3, p. 241. — Du Cange, de son côté, donne pour *militia*, entre
autres sens, celui de *feudum militis, terra quæ militem debet in expeditione.*

(²) Zach, *J. G. R.,* III, Nov. XI, c. 4, p. 275.

(³) Zach., *J. G. R.,* III, Nov. VIII, c. 1, p. 262.

par στρατεία, le bénéfice militaire, c'est-à-dire la terre en tant
que grevée de la charge de servir, et la fonction militaire en
tant que due par le propriétaire d'un champ et à cause de
cette propriété.

Par sa nature, la στρατεία comprend donc deux choses insé-
parables qui se suivront partout et qui ne pourront se déta-
cher sans faire disparaître en même temps la στρατεία elle-
même : la charge de servir est rivée à la terre, quiconque
succèdera au bien héritera aussi de la charge, sinon il sera
écarté du tout (¹). Le titulaire de la στρατεία pourra momentanément être dispensé de servir par le prince pour cause
d'âge ou de maladie ; la στρατεία elle-même n'en conservera
pas moins sa nature et la charge reparaîtra avec un nouveau
titulaire.

Nous avons vu en quoi consistait la charge de servir ; il
nous faut étudier maintenant le champ qui en est grevé. Et
d'abord, nous avons toujours parlé jusqu'ici de fonds militaire, parce que le cas général c'est que la στρατεία est cons-
tituée en immeubles. Exceptionnellement, elle pouvait l'être
en meubles pour partie. C'est ce que nous dit Constantin
Porphyrogénète (²) ; si, pour une cause quelconque, la terre
d'un militaire a diminué de valeur au point de devenir inférieure à la quantité fixée, un homme de bien sera chargé
d'évaluer la quantité manquante et le complément sera fait
en meubles. Le texte est très clair ; ce qui l'est moins, c'est
le côté pratique de la disposition que nous venons de signa-
ler. Nous comprenons parfaitement qu'avec les fruits et revenus d'un immeuble un soldat puisse s'équiper et s'entretenir ;

(¹) Zach., *J. G. R.*, III, Nov. VIII, c. 1, p. 262, ligne 17.
(²) Zach., *J. G. R.*, III, Nov. VIII, c. 1, p. 262, ligne 27.

mais avec des meubles ? Ou il les consommera et alors tout
sera remis en question, la στρατεία manquera à nouveau d'un
de ses éléments, les biens du soldat n'ayant plus la valeur
nécessaire ; ou bien ils ne lui serviront à rien, par exemple,
s'ils ne se consomment pas par le premier usage et s'ils ne
sont pas frugifères ; alors, en faisant de tels meubles le complément des immeubles, on a fait une chose absurde et parfaitement inutile. Reste une troisième hypothèse, celle où il
s'agira de meubles susceptibles d'être loués, par exemple du
bétail ou une somme d'argent. Dans ce cas, il y aura certainement des fruits dont le soldat pourra se servir pour supporter sa charge ; seulement si les revenus des immeubles
étaient souvent aléatoires étant donné que ce n'était pas toujours à ceux qui semaient qu'était réservé le plaisir de couper
la récolte, les revenus des meubles étaient, eux, absolument
problématiques ; car il faut songer que nous sommes dans
l'empire d'Orient, au xe siècle, et probablement plus près de
la frontière bulgare ou sarrasine que de Constantinople ; il
devait arriver presque toujours que l'emprunteur ne payait
pas le prix de location ou l'intérêt et disparaissait lui-même
avec la chose empruntée ; de plus, si les champs étaient ravagés et rasés, du moins ils restaient ; les meubles, au contraire,
disparaissaient dans les bagages de l'ennemi qui anéantissait
ainsi une partie des ressources du soldat et lui ôtait par
suite les moyens de remplir sa charge. Aussi nous étonnons-
nous de rencontrer une pareille disposition dans la législation du xe siècle, si bien faite, en général, pour assurer dans
tous les cas, la prestation des charges dues à l'État. Sans
pouvoir l'expliquer, nous nous bornerons à constater son
existence. Donc, une possession militaire pouvait être un

immeuble ou un ensemble d'immeubles et de meubles. Ajoutons qu'elle avait un caractère particulier et essentiel dont nous aurons à étudier plus loin les conséquences : elle était absolument inaliénable et en même temps insaisissable par le fisc.

A la lecture de ce qui précède, on a compris que, pour la constitution d'une στρατεία, une quantité minima de biens était indispensable ; voyons quelle en était la valeur. D'après la Novelle (¹) de Constantin Porphyrogénète sur notre matière, ce minimum que le soldat devait toujours conserver pour le soutien de sa charge, et qu'il ne pouvait pas même aliéner était fixé suivant le cas à deux ou à quatre *litræ*. Les cavaliers, dont l'équipement était relativement coûteux, devaient avoir au moins quatre *litræ*, et aussi les marins des thèmes de la mer Egée, de Samos et de Cibyrrha, qui avaient de lourdes charges, combattaient en personne et ramaient à la fois (²), et étaient constamment occupés contre les Sarrasins ou à la garde des côtes. Les autres marins et les soldats de la flotte devaient se contenter du minimum de deux *litræ*. Restent les fantassins, dont il n'est pas question. Cependant il est certain qu'eux aussi avaient un minimum inaliénable (³), certainement de deux *litræ* ; si le texte n'en fait pas mention expresse, du moins la généralité des termes du titre de la Novelle περὶ τῶν στρατιωτῶν, montre qu'on avait bien voulu viser aussi les fantassins ; du reste, nous savons par la Novelle de Nicéphore

---

(¹) Zach., *J. G. R.*, III, Nov., VIII, c. 1, p. 262, *in principio*.

(²) Nous traduisons ainsi αὐτόστολοι καὶ αὐτερέται. Αὐτόστολος désigne celui qui s'arme lui-même de αὐτός et στέλλω armer, disposer pour le combat. Αὐτερέτης de αὐτός, ἐρέτης rameur ne peut que désigner celui qui rame en personne.

(³) H. Monnier, *L' Ἐπιβοτή, Nouvelle Revue historique*, 1892, p. 537 et 538.

Phocas déjà citée, que les soldats arméniens avaient des fonds militaires, or les soldats arméniens, installés surtout dans les thèmes du centre de l'Asie Mineure, n'étaient et ne pouvaient être autre chose que des fantassins.

Telle était la valeur minima nécessaire pour constituer une *militia*; en fait, il arrivait souvent qu'un soldat avait des possessions militaires plus considérables; d'autre part le minimum déjà indiqué fut accru dans la suite par Nicéphore, qui décida que pour le passé il considérait comme valeur normale d'une στρατεία la quantité uniforme de quatre *litræ* [1] et que pour l'avenir chaque soldat devrait avoir pour le soutien de sa charge au moins douze *litræ* [2].

Nous avons déjà dit que la principale caractéristique d'un bien militaire, c'était d'être inaliénable. Les Basileis du x⁴ siècle se sont soigneusement occupés de ce point particulier dont nous allons entreprendre l'étude.

III

Les aliénations de biens militaires.

En fixant quelle était au xᵉ siècle la situation de la propriété foncière, nous avons dit pour la généralité des biens ce que nous allons répéter ici avec plus de détails et quelques variantes pour les biens militaires. Pour que les rangs de l'armée restassent au complet, pour que les soldats ne se missent pas d'eux-mêmes dans l'impossibilité de remplir leurs fonctions, les empereurs décidèrent que personne ne pourrait se rendre acquéreur de στρατιωτικὰ κτήματα, que ceux-

[1] Zach., *J. G. R.*, III, Nov. XXII, c. 1, p. 300.
[2] Zach., *J. G. R.*, III, Nov. XXII, c. 2, p. 300.

ci seraient inaliénables et pourraient toujours être revendi-
qués, du moins tant que la prescription de quarante ans ne
serait pas accomplie. On comprend qu'avec de pareilles dispositions les acheteurs de biens militaires étaient rares, d'autant plus que, comme nous le verrons, s'ils étaient forcés de
rendre la chose, en général on ne leur rendait pas le prix
payé par eux; d'autre part, les possesseurs de mauvaise foi,
les usurpateurs, étaient *a fortiori* atteints toujours par l'éviction, et forcés de rendre ce dont ils s'étaient emparés : ainsi
l'Etat assurait d'une façon à peu près certaine la prestation
efficace du service qui lui était dû.

A. *Nullité des aliénations de biens militaires.*

L'acquisition d'un champ militaire par quelque mode qu'elle
ait été faite, par achat, donation, échange ou ἀντίληψις ([1]), est
viciée dès son principe. Si l'acquéreur possède le champ pendant quarante ans, il en demeure propriétaire incommutable;
mais dans cet intervalle il pourra être actionné en revendication non seulement par le vendeur et ses héritiers, mais encore par une foule de gens déterminé par la loi, qui auront
simplement à prouver que le bien était militaire.

Nous ordonnons, dit Romain le Jeune, ἐάν τινες μερίδας τινὰς
ἀπὸ στρατιωτικῶν κατέχουσι τόπων, εἰ μὲν καλῇ πίστει τουτέστιν ἀγορᾶς
ἢ δωρεᾶς ἢ ἀνταλλαγῆς ἢ ἀντιλήψεως τρόπῳ ταύτας ἐκτήσαντο, καὶ οὐδε-
μίαν ἀπὸ τοῦ χρόνου βοήθειαν ἔχωσιν, ἐκ τῶν τοιούτων τοὺς μὲν τόπους
μόνους ἀφαιρεῖσθαι...... Nous avons déjà rencontré à plusieurs
reprises le mot ἀντίληψις dont nous devons préciser la signification. Leunclave le traduit par *defensio*, ce qui lui donnerait
le sens de revendication, de saisie, en un mot d'acquisition

([1]) Zach., *J. G. R.*, III, Nov. XVI, c. 1, p. 285.

résultant d'un procès ou du moins ne pouvant se faire sans
une intervention quelconque de la justice. On voit de suite
l'inexactitude de cette interprétation, manifestement contraire à l'idée générale du texte précité et aux principes en la
matière. Le texte nous dit que celui qui a acquis un bien
militaire par ἀντίληψις en sera dépossédé ; c'est dire qu'il n'avait
aucun droit de propriété sur la chose, et que par suite il n'a
pu user de la revendication. Nous savons d'autre part que
personne ne peut expulser un soldat de sa terre, pas même
un créancier, pas même le plus favorisé de tous, le fisc : nous
écartons ainsi l'hypothèse de la saisie. Nous ne pouvons donc
admettre l'opinion de Leunclave. Ἀντίληψις vient sans nul
doute de ἀντί, par contre, en retour, et de λῆψις, action de
prendre, de recevoir ; en sorte que nous avons pour ἀντίληψις
la signification d'acquisition en retour, terme qui demande
quelque précision. Notre texte énumère successivement quatre modes d'acquérir la propriété : d'abord l'ἀγορά, la δωρεά,
l'ἀνταλλαγή, la vente, la donation, l'échange, puis l'ἀντίληψις.
L'expression d'acquisition en retour éveille de suite une idée
d'échange, mais nous avons déjà le mot ἀνταλλαγή qui a
ce sens et d'une façon indubitable. Il nous paraît donc qu'il
faut voir dans l'ἀντίληψις un échange d'un genre particulier,
et tel qu'il ne soit pas désigné d'habitude par le mot ἀνταλλαγή.
Or de tout temps on n'a échangé un objet que contre un objet
ou contre un service. Si l'on donne un champ pour recevoir
en retour une chose quelconque, même d'immense valeur,
nous ne voyons là qu'un échange ordinaire, une ἀνταλλαγή.
Mais si un soldat pauvre donne un champ pour prix d'un
service, cela ne peut qu'étonner, et nous pensons de suite
qu'il s'agit ici d'un service d'une importance énorme. Dès

lors, connaissant déjà la situation misérable des tenanciers militaires constamment exposés à l'avidité des puissants, nous pensons que le plus grand service qu'on pût leur rendre était de les protéger, et nous concevons parfaitement cet échange tout particulier d'un immeuble contre une promesse de protection et des moyens de subsistance, échange pour lequel on paraît avoir créé le mot ἀντίληψις. Nous proposons donc de donner à ἀντίληψις le sens de recommandation. Revenons aux aliénations de biens militaires. Lécapène, Constantin Porphyrogénète, Romain II et Nicéphore Phocas ont tour à tour légiféré sur la question, dont l'importance énorme pour les particuliers était considérable pour l'Etat.

La première question qui se pose est celle-ci : Tous les biens des militaires sont-ils inaliénables? Certainement non. En principe, sont seulement inaliénables, les biens qui font partie de la στρατεία, du bénéfice, qu'ils soient inscrits ou non dans les *Codices militares*. Cela résulte indubitablement des différentes constitutions que nous allons examiner. Sur le point de savoir ce qu'étaient les *Codices militares*, nous en sommes réduits aux conjectures. C'étaient certainement des registres. Nous pensons qu'on y inscrivait les biens militaires sur la demande de leurs possesseurs, et en regard de ces biens le nom des possesseurs eux-mêmes : de là l'expression ἀπογεγραμμένοι στρατιῶται que nous trouvons dans la Novelle de Constantin Porphyrogénète (¹). Par qui étaient tenus les *codices?* Peut-être par le protonotaire du thème; nous ne pouvons rien affirmer à cet égard.

En droit græco-romain, la première disposition qui con-

(¹) Zach., *J. G. R.*, III, Nov. VIII, c. 2, p. 264, ligne 30.

cerne les aliénations de fonds militaires, est contenue dans la Novelle de Romain Lécapène sur le retrait([1]); elle est édictée pour l'avenir, mais elle rétroagit aussi dans le passé et doit s'appliquer aux trente dernières années écoulées. Il n'y est pas parlé de *codices militares;* il n'y est pas dit non plus que les biens militaires sont inaliénables, mais, ce qui est un peu différent, qu'il doit rester au soldat une propriété suffisante pour lui permettre de remplir sa charge. Quelle est l'importance de cette propriété? Nous ne pouvons la déterminer, car ce ne fut que plus tard, sous le règne du Porphyrogénète, qu'il fut parlé de deux et de quatre *litræ :* il est possible qu'avant lui on avait recours à l'estimation d'un homme de bien. Quoi qu'il en soit, voici ce que décidait Lécapène. Si le soldat a vendu tout ce qu'il avait, l'aliénation est nulle pour le tout. Mais il peut n'avoir vendu qu'une partie de ses biens; dans ce cas, s'il lui en reste assez pour constituer une nouvelle *militia,* l'aliénation aura tout son effet; et si la quantité qui lui reste est insuffisante, l'aliénation disparaîtra jusqu'à concurrence de ce qui manque.

Avec Constantin Porphyrogénète ([2]), les textes deviennent plus précis en notre matière. Désormais tout bien inscrit aux *codices* est inaliénable par ce seul fait; au cas de non inscription, il doit toujours rester au soldat deux ou quatre *litræ* qui sont absolument inaliénables ; du reste, voici les cas prévus par la constitution :

1° Le soldat a fait inscrire le minimum de deux ou quatre *litræ;* c'est le droit commun; son bien est inaliénable dans cette mesure;

([1]) Zach., *J. G. R.*, III, Nov. II, c. 3, p. 241.
([2]) Zach., *J. G. R.*, III, Nov. VIII, c. 1, p. 262 et 263.

2° Il a pu faire inscrire davantage que le minimum; dans ce cas il y a inaliénabilité pour tout ce qui est inscrit. Ajoutons que dans les deux cas, si le soldat riche et possédant d'autres propriétés non militaires a commencé par vendre les biens inscrit, il peut bien les revendiquer, mais il doit indemniser l'acheteur évincé avec ses autres biens;

3° L'inscription n'a porté que sur une quantité de biens inférieure au minmum; alors les biens du soldat qui n'ont pas à supporter de charge, ses alleux, s'il en a, sont grevés d'une sorte d'hypothèque tacite, et par suite inaliénables, dans la mesure du complément; le tiers qui achète le bien libre de charge est tenu de rendre le nécessaire pour compléter la *militia;*

4° Enfin le soldat peut n'avoir rien fait inscrire du tout; dans ce cas, son patrimoine est grevé d'une hypothèque tacite jusqu'à concurrence de deux ou de quatre *litræ,* hypothèque qui porte exclusivement sur les *fertiliora;* en sorte que les terres les moins fertiles peuvent être aliénées sans inconvénients. A ce propos, le fait suivant peut se présenter : le soldat vend ses champs fertiles, puis cède ses autres biens à un nouvel acquéreur, en sorte qu'il n'a plus le minimum; naturellement, le premier acquéreur sera évincé puisqu'il a acquis les *fertiliora* inaliénables; il n'a que ce qu'il mérite; néanmoins l'empereur décide qu'il pourra se retourner contre l'acquéreur de biens moins fertiles et appréhender ces biens comme compensation. Le motif de cette disposition paraît être celui-ci : le premier acquéreur a violé la loi certainement puisqu'il a acheté des biens inaliénables, mais il a laissé au soldat quelque chose, probablement le suffisant pour remplir sa charge; en ce cas, il n'a en rien porté préjudice à l'Etat;

s'il n'a pas respecté la loi dans son texte, du moins il l'a respectée dans son esprit; au fond, on n'a rien à lui reprocher.
Le nouvel acquéreur, au contraire, a enlevé au soldat le reste
de son avoir, il l'a appauvri, il a compromis, quoique dans
une bien faible. mesure, la défense des frontières ; c'est lui
qui a rendu nécessaire l'action en revendication contre le
premier acquéreur; de plus, s'il n'avait pas acquis les biens
les moins fertiles, ceux-ci eussent servi à indemniser l'acheteur évincé des *fertiliora*. En somme, en connaissance de
cause, il a nui à tout le monde; il mérite une peine; elle consiste en ce qu'il donnera au premier acquéreur victime de
l'éviction, les biens qu'il a lui-même acquis. Et c'est justice :
ainsi c'est bien le plus coupable qui, en définitive, subit les
conséquences de sa faute.

Ce que nous avons dit jusqu'ici s'applique à tout acquéreur civil, bien que vers la fin de sa Novelle, Constantin ne
parle plus que des δυνατοί (¹). Si l'acquéreur est un soldat,
tout se passe de la même façon; seulement il est traité avec
moins de rigueur, comme nous le verrons, en ce qui concerne
les divers règlements succédant au procès en revendication.

Romain le Jeune, dans sa Novelle de 962, renouvelle la
prohibition d'acquérir les biens des militaires et confirme aux
soldats leur droit à l'action en revendication (²), alors même
que leurs biens ont été vendus, non point par eux-mêmes,
mais par un inspecteur ou un officier impérial (³). Nous tra-

---

(¹) Au commencement, il est défendu à tous d'acquérir les biens militaires et
surtout aux puissants : μὴ δύνασθαί τινα ἐκ τούτων ἀγοράζειν, καὶ μάλιστα...
etc. Si plus loin il n'est plus question que de puissants, c'est que, dans l'esprit du
législateur, c'était surtout contre ceux-ci, les plus à craindre, qu'était rendue la
constitution.

(²) Zach., *J. G. R.*, III, Nov. XVI, c. 1, p. 285.

(³) Zach., *J. G. R.*, III, Nov. XVI, c. 2, p. 286.

duisons par l'expression officier impérial, les mots βασιλικός στρατιώτης, βασιλικός étant, d'après l'avis de Schlumberger que nous partageons, « un terme employé pour tout ce qui touchait à la personne de l'Empereur ». (V. Schlumberger, *Sigillographie byzantine*, p. 248.) Ces βασιλικοί στρατιῶται étaient sans doute comme les ἐπόπται envoyés en mission dans les provinces. Leur rôle n'était certes pas de vendre les biens militaires, chose interdite par la loi. Notre texte montre que, cependant, ils ne s'en faisaient pas faute. Ils allaient jusqu'à dresser à cet effet des actes écrits, des λιβέλλοι qui, vu leur caractère officiel, donnaient aux contractants des garanties que ne leur offraient certainement pas les actes privés. Romain a cru bon de s'expliquer à ce sujet et de déclarer que, malgré les λιβέλλοι ἐποπτῶν ou βασιλικῶν στρατιωτῶν, la revendication serait possible.

Nicéphore, à son tour, s'occupe de notre question dans sa constitution sur les fonds militaires et décide que les ventes faites dans le passé seront résolubles jusqu'à concurrence de quatre *litræ* que le soldat doit garder dans tous les cas [1]. Pour l'avenir, le militaire devra garder une valeur inaliénable de douze *litræ* et aura, en cas d'aliénation de ce minimum, pour le tout ou pour partie, une action en revendication [2]. Enfin, dans la Novelle de 967, le même Nicéphore, constatant qu'avant la famine on pouvait parfaitement acquérir des biens militaires, décide que ceux qui ont acheté à cette époque seront, malgré les constitutions qui ont suivi, considérés comme véritables propriétaires, et ce, sans le secours de la

[1] Zach., *J. G. R.*, III, Nov. XXII, c. 1, p. 300.
[2] Zach., *J. G. R.*, III, Nov. XXII, c. 2, p. 300.

prescription, si du moins ils ne se sont pas rendus maîtres
du fonds par la violence ou le dol ([1]).

Les biens militaires, inaliénables, pouvaient être revendi-
qués tant que la prescription de quarante ans n'était pas
accomplie. L'action en revendication appartenait naturellement en première ligne au soldat propriétaire. Constantin
nous donne, par ordre de préférence, la liste de ceux qui
pouvaient venir après lui et qui, en somme, avaient au lieu
d'un droit de revendication, un véritable droit de προτίμησις
avec ceci de bien particulier, c'est qu'il s'exerçait gratuite-
ment. D'après la Novelle de Constantin sont appelés : d'abord
les parents dans l'ordre normal, les plus proches les premiers, puis les συνδόται, puis les σύναιχμοι, en cinquième ligne
les συντελεσταὶ ἀπορώτεροι σρατιῶται, enfin les πολιτικοὶ συντελεσταί.
Tous ces termes ont besoin d'être expliqués.

Les συνδόται sont ceux qui se sont réunis pour recueillir les
profits d'une στρατεία et en prester les charges ; si l'un d'eux
vend sa part, les autres ont tout intérêt à acquérir cette part
pour ne pas avoir le premier venu comme συνδοτής ce qui
pourrait être fâcheux, aussi après les parents arrivent-ils les
premiers pour exercer le droit de revendication.

Après eux, viennent les compagnons d'armes du vendeur,
ses σύναιχμοι, leur droit est moins fort, et paraît basé sur une
question de sentiment et non point sur une affaire d'intérêt.
En somme, toujours après les parents, la loi préfère pour
l'action en revendication ceux qui sont liés au soldat vendeur par le lien militaire, ceux qui prestent en même temps
que lui, à frais communs, ou du moins dans la même troupe,
l'impôt du sang.

([1]) Zach., *J. G. R.*, III, Nov. XX, c. 2, p. 298.

Après eux arrivent ceux qui sont liés au vendeur spécialement par un lien fiscal, ceux qui prestent en même temps
que lui et solidairement avec lui l'impôt en numéraire, en un
mot ceux qui font partie du même *vicus* ou de la même *me-
trocomie,* ses ὁμοτέλεις, ses συντελεσταί; et ici on préfère encore les militaires; seront reçus en première ligne, les *contribuentes* soldats et pauvres, les συντελεσταί ἀπορώτεροι στρατιῶται
et ce n'est qu'en désespoir de cause, qu'on donnera l'action
en éviction, le droit de retrait, la προτίμησις, aux *contribuentes*
civils, aux πολιτικοὶ συντελεσταί « pour que l'impôt du cens ne
s'évanouisse pas »; et encore faudra-t-il que ces derniers ne
soient point des δυνατοί, car ils seraient alors impitoyablement
écartés (¹).

La pensée du législateur, en tout ceci, est très facile à sai-
sir; il veut, d'une part, favoriser, dans une certaine mesure,
ceux qui, en tant que contribuables, ont intérêt à être propriétaires du champ militaire vendu; d'autre part, et surtout,
il veut que ce champ producteur de service militaire et d'impôt en argent puisse autant que possible donner l'un et
l'autre; aussi appelle-t-il d'abord à la propriété des soldats
qui, eux, combattront à l'armée et paieront au fisc, et comme
dernière ressource seulement, les ὁμοτέλεις civils; de cette
façon, si le service militaire disparaît, du moins l'impôt sub-
siste, et il faut sauver au moins cela.

Nous n'avons pas à revenir sur la question de savoir si
l'action en revendication est perpétuelle ou prescriptible :
elle disparaît quand la propriété est définitivement acquise
au nouveau possesseur, c'est-à-dire au bout de quarante ans

(¹) Zach, *J. G. R.*, III, Nov. XX, c. 1, p. 298.

en principe, et au bout d'un temps plus court, s'il s'agit de fonds arméniens abandonnés, puis concédés ; nous renvoyons sur ce point à ce que nous avons dit au sujet de la prescription de la propriété des fonds militaires.

Quand un des retrayants appelés par la loi s'était présenté en temps utile et avait justifié de son droit, le fonds militaire lui était rendu ; en équité, l'acquéreur évincé aurait dû en échange recevoir le prix qu'il avait payé ; cependant il n'en fut pas toujours ainsi, bien au contraire ; c'est certainement là le point sur lequel la législation varia le plus.

B. *De la restitution du prix payé par l'acheteur de biens militaires évincé.*

L'acquéreur d'une chose déclarée inaliénable par la loi, viole cette loi, et, par suite, est punissable ; quand les Basileis jugèrent bon d'appliquer une peine, elle consista en ce que le prix payé fut perdu par l'acquéreur en même temps que le bien lui-même.

La première application de ce principe apparaît, non point comme le dit plus tard [1] Théodore le Décapolitain, sous le règne de Constantin VII, mais bien dans la Novelle de 922 de Romain Lécapène, qui dispose, sans grand luxe de détails, que pour les aliénations de biens militaires faites pendant les trente dernières années et pour celles qui seront faites dans l'avenir, il y aura éviction de l'acquéreur, mais sans restitution du prix [2].

D'après Constantin, ce n'était du reste pas là une innovation car, « autrefois, une rude coutume disposait que sans aucune indemnité les acheteurs doivent être bannis des fonds mili-

[1] Zach., *J. G. R.*, III, Nov. XV, *Préambule*, p. 282.
[2] Zach., *J. G. R.*, III, Nov. II, c. 3, p. 241.

taires » (¹). Cette coutume, l'empereur la consacre à nouveau :
« Personne ne pourra acquérir les biens des soldats et tout
spécialement les riches, les hauts dignitaires, les métropolitains, les évêques, les monastères ou autres maisons pieuses et
tous ceux qui ont le titre de chef y compris les σχολάριοι (²);
tous, puissants ou autres, doivent savoir qu'ils seront évincés,
que le prix qu'ils ont payé ne leur sera pas remboursé et
que, au sujet des impenses, même s'ils ont dépensé beaucoup
pour la culture des terres, ils n'auront droit à aucune indemnité. Nous leur permettrons seulement d'emporter leurs matériaux, à la charge par eux de laisser les biens militaires dans
l'état où ils les ont pris » (³).

Si l'acheteur, au lieu d'être un civil puissant ou non, est un
soldat, la règle n'est plus aussi absolue et il faut distinguer
suivant que le plus pauvre est l'acheteur ou le vendeur. Si
c'est le vendeur, il reprendra sa chose sans rendre le prix. Si
au contraire le moins fortuné est l'acheteur l'autre pourra bien
le forcer à rendre le fonds mais il devra alors restituer le prix.
Que si tous les deux sont de pauvres hères, ce sera au juge à
apprécier d'après la bonne foi : il verra quel est celui qui a
été lésé, et il jugera en se basant sur ce principe que personne
ne doit tirer avantage de la détresse d'un de ses semblables (⁴).

Jusqu'ici, pas de difficulté. Mais il n'en va plus de même à
la lecture de la Novelle de Romain II (⁵) consacrée justement

(¹) Zach., *J. G. R.*, III, Nov. VIII, c. 2, p. 264, ligne 21.

(²) Les σχολάριοι étaient des guerriers d'élite composant les Scholes Αἱ Σχολαί
gardiennes du Palais Sacré.

(³) Zach., *J. G. R.*, III, Nov. VIII, c. 1, p. 262 et 263.

(⁴) Zach., *J. G. R.*, Nov. VIII, c. 2, *in fine*, p. 265.

(⁵) Zach., *J. G. R.*, Nov. XV, p. 281.

à la question de la restitution du prix. Le préambule est d'une grande obscurité, mais il laisse cependant cette impression, c'est qu'en notre matière on appliquait aussi aux biens militaires des textes visant d'une façon générale tous les biens des pauvres : cette conclusion ne supprime pas du reste les difficultés ; bien au contraire, elle les rend presque inextricables. Une foule de questions se posent qui, avec nos matériaux, paraissent insolubles : les textes généraux ne sont-ils applicables qu'en l'absence de textes visant spécialement les militaires ? Si oui, pourquoi mêle-t-on tout dans la Novelle de Romain II ? sinon, dans quel ordre les appliquer, quels sont ceux qui ont abrogé les autres, quelle est la date exacte de chacun d'eux ? A tout cela nous ne croyons pas pouvoir répondre d'une façon certaine. Le préambule de la Novelle de Romain II contient certainement des erreurs ; de son ensemble, nous pouvons cependant conclure, avec quelque vraisemblance, ceci, en suivant l'ordre du texte :

La législation a beaucoup varié en notre matière et même du tout au tout. Après les dispositions de Constantin que nous avons analysées plus haut, ce même prince, par de nouvelles décisions (¹) prescrivit que désormais les vendeurs pauvres, soldats ou non et ayant moins de 50 nomismes (²) seraient les seuls à ne pas rendre le prix en recouvrant leurs biens ; tous les autres devraient remettre le prix mais auraient pour cela un délai de trois ans. Un peu plus tard, le même prince pensa

---

(¹) Zach., *J. G. R.*, III, Nov. VI, ç. 2, p. 254. Il paraît donc résulter d'après cela que cette Novelle est postérieure à la Novelle VIII, or comme elle est datée de 947, la Novelle VIII, dont la date est inconnue, a dû être rendue entre 945 et 947.

(²) Il semblerait résulter du texte que ce maximum de 50 nomismes fut d'abord fixé à quatre λίτραι ; nous ignorons dans quelle constitution.

qu'il était peut-être inique de dépouiller une personne de bonne foi de l'immeuble qu'elle avait acheté et de l'argent qu'elle avait déboursé, aussi revint-il complètement sur ses premières décisions ; désormais tout le monde dut rendre le prix, mais dans un délai de cinq ans (la constitution qui décide en ce sens ne nous est pas parvenue). Telle était la situation à l'avènement de Romain II.

Passant au corps de la Novelle dont nous venons d'essayer d'analyser le préambule, nous y voyons des dispositions transitoires dont l'utilité est manifeste, car les magistrats devaient être quelque peu embarrassés pour rendre la justice, en présence d'une législation qui, dans l'espace d'environ dix ans, avait varié quatre fois, et d'une façon désordonnée. Donc en ce qui concerne le passé, voici ce que Romain décide aussi bien pour les soldats que pour les civils :

1° Les pauvres qui ont obtenu une sentence du juge les replaçant dans leur propriété sans restitution du prix n'auront plus rien à craindre dans l'avenir, s'ils montrent cette sentence écrite ἔγγραφος κρίσις ;

2° Si les pauvres ont été condamnés à payer le prix et qu'un délai leur ait été accordé pour cela ; si d'autre part, à l'expiration de ce délai rien n'a été payé ou pas grand'chose, sur promesse de payer accompagnée de sûretés écrites le magistrat devra accorder un nouveau terme ;

3° Mais il se peut que la fin de ce nouveau terme arrive sans que rien soit encore soldé ; alors, deux solutions sont possibles. Ou bien on retranchera le fonds de la ὁμὰς τοῦ χωρίου de la communauté du village, et on l'abandonnera définitivement à l'acquéreur si cela paraît plus utile aux pauvres que la seconde combinaison qui pourra être très onéreuse. Ou bien on les remettra avec le consentement de la communauté, δημοσίᾳ, à l'acquéreur, pour un temps limité qui ne devra pas dépasser dix ans et qui sera plus ou moins long suivant l'importance du prix. A cet effet, des écritures seront échangées de façon que les droits de chacun soient bien limités, l'acheteur ayant la possession, le vendeur la propriété, chacun ne devant en rien détériorer l'immeuble, ni nuire aux droits de l'autre. Dans ces conditions, si le vendeur offre de rendre quelque chose du prix, le temps de jouissance de l'acquéreur sera proportionnellement réduit. Ce dernier étant possesseur devra naturellement payer l'impôt foncier, τὴν ἐκ τῆς ἀπολαύσεως τῶν τόπων ἐσομένην αὐτῷ εἰσφορὰν, dont la communauté, sans cela, eût été responsable, ce qui explique évidemment son intervention dans la décision à prendre relativement au champ.

Les dispositions que nous venons d'analyser s'appliquent, non point comme on pourrait le croire à tous les biens acquis jusqu'à l'avènement de Romain lui-même, mais seulement à ceux qui ont été achetés pendant la période de **18** ans comprise entre la famine de **927** et l'avènement de Constantin Porphyrogénète (**945**). Depuis ce moment tous les pauvres, soldats comme civils, recouvreront leurs biens sans restitution du prix. La même solution est donnée pour les acquisitions ou sous-acquisitions de στρατιωτικὰ κτήματα dans la novelle (¹) du même prince sur les fonds militaires où les règles particulières données par Constantin pour le cas d'un acheteur soldat sont répétées avec cette variante cependant, que si l'acquéreur et le vendeur soldats sont tous les deux pauvres, il y aura restitution du prix, mais avec un terme de trois ans.

(¹) Zach., *J. G. R.*, III, Nov. XVI, p. 285 et 286.

Nicéphore Phocas ([1]), à son tour, légifère sur la question et revient sur les dispositions de son prédécesseur. Disposant pour le passé, il décide que les soldats qui ont le nécessaire pour s'entretenir et s'équiper, c'est-à-dire quatre *litræ*, pourront revendiquer leurs autres biens aliénés, mais à la condition de rendre le prix. Ce n'est que dans le cas où les quatre *litræ* auront été entamées que pour les parfaire, la revendication aura lieu sans restitution du prix. Pour l'avenir, le principe est le même, mais la quantité minima à garder est de douze *litræ*.

En ce qui concerne les fonds arméniens donnés à titre de gratification par Lécapène et les autres κουρατωρείαι, quelques règlements particuliers sont posés. Il peut arriver que le donataire de ces biens les ait échangés : dans ce cas, le soldat reprendra son bien où il le trouvera, et celui qui est évincé aura un recours contre le coéchangiste en revendication de ce qu'il lui a donné. De plus, si des améliorations ont été faites sur le champ, le soldat devra une indemnité, sauf pour les dépenses voluptuaires ; dans ce dernier cas, le constructeur pourra emporter ses matériaux ([2]).

C. *Insaisissabilité des terres militaires par le fisc.*

Les biens militaires n'étaient pas seulement inaliénables, ils étaient encore insaisissables par le fisc. « Nous ne permettrons pas au fisc, dit le Porphyrogénète, de faire vendre les biens militaires ; nous ne voulons pas consacrer une iniquité qui n'a jamais été établie par la loi et qu'il faut bannir de la terre et de la mer comme l'expression parfaite de la

([1]) Zach., *J. G. R.*, III, Nov. XXII, p. 300.
([2]) Zach., *J. G. R.*, III, Nov. XVIII, c. 1, p. 290 *in fine*.

barbarie et de la cruauté. Ils attribuaient donc à l'Etat le
naturel de l'ours, ceux qui ont introduit dans notre droit une
semblable pratique! car il est connu de tous que, seuls d'entre
les animaux, les ours pressés par la faim mangent leurs doigts;
or, à notre avis, les soldats ne sont point les doigts, mais
bien les mains de la République » (¹). Et Constantin a raison;
à quoi eût servi à l'Etat la vente des biens militaires, sinon
à ôter aux soldats les moyens de servir? Ce qu'il eût gagné
d'un côté en numéraire, il l'aurait perdu d'autre part au point
de vue de la défense des frontières. S'attaquer aux fonds des
soldats, c'était bien, en effet, ronger les forces vives de l'Etat;
Constantin eut l. sagesse de mettre un terme à cette coutume
absolument impolitique.

Telles sont les dispositions relatives à l'inaliénabilité et à
l'insaisissabilité des biens militaires; elles étaient légèrement
différentes, comme nous allons le voir, en ce qui concerne
les acquisitions faites de mauvaise foi.

IV

Les usurpations de biens militaires.

Celui qui se rend maître par la violence ou la ruse d'une
possession militaire n'est pas beaucoup plus sévèrement traité
que l'acquéreur de bonne foi. Comme lui, il peut prescrire
par quarante années. Comme lui, il peut être évincé avant
l'écoulement de ce laps de temps. Il n'est plus question ici
de remboursement du prix, puisque c'est par le vol que
l'usurpateur s'est installé sur la γῆ βασιλική; seulement, une

---

(¹) Zach., *J. G. R.*, III, Nov. VIII, c. 1, p. 264.

peine probablement pécuniaire, dont nous ignorons du reste
la valeur, est infligée à l'acquéreur malhonnête (¹); de plus,
d'après la Novelle de Constantin Porphyrogénète (²) il doit
remettre les fruits, les revenus civils, et il est passible de dommages-intérêts.

Il peut arriver que l'usurpateur, avant toute éviction, vende
le bien à un acquéreur de bonne foi; ce dernier subira-t-il la
peine? Certainement non; il rendra le bien; on ne lui rendra
point le prix. Il est permis de croire cependant qu'il aura une
action contre le voleur qui, outre cela, supportera la peine
méritée (³).

Ce sont là les seules dispositions que nous ayons sur ce
point particulier: ces dernières explications terminent ce que
nous avions à dire sur le droit au xᵉ siècle en matière de bénéfices militaires.

Avec la législation que nous venons d'étudier, législation
si complexe et si minutieuse, bien que trop instable pour être
réellement efficace, les empereurs entravèrent momentanément l'absorption de la petite propriété par la grande; ils
conservèrent, pour le plus grand bien de l'Empire, ces petits possesseurs qui remplissaient les coffres de l'Etat et composaient ses armées. Byzance ainsi munie d'argent et de soldats eut le bonheur d'avoir en même temps des princes
sages, de savants légistes et de grands généraux : c'est ainsi
qu'entre deux longues périodes d'affaissement et de décadence, elle put vivre un siècle entier presque glorieuse.

(¹) Zach., *J. G. R.*, III, Nov. XVI, c. 1, p. 285.
(²) Zach., *J. G. R.*, III, Nov. VIII, c. 1, p. 263 *in fine*.
(³) Zach., *J. G. R.*, III, Nov. XVI, c. 3, p. 286.

CONCLUSION

LES DESTINÉES DES BÉNÉFICES MILITAIRES DANS L'EMPIRE A PARTIR DU
X° SIÈCLE

La Novelle sur les fonds militaires de Nicéphore Phocas est
le dernier texte que nous ayons sur notre matière. A partir
de ce prince, on ne légifère plus sur la question, et on s'en
tient exclusivement aux diverses constitutions que nous avons
étudiées.

Au xi° siècle, Michel Attale condense en un volume les décisions des empereurs défunts, encore en vigueur à son époque; au xiii° siècle, son œuvre résumée donne le jour à la
synopsis minor, dans laquelle nous retrouvons les principales
dispositions que nous connaissons déjà au sujet des στρατιωτικὰ
κτήματα ([1]). Enfin en 1345, c'est-à-dire un siècle avant la chute
de l'Empire, paraît un manuel de droit, l'Hexabiblos d'Harmenopule, expression la plus récente de la législation grecque
et qui est restée la loi grecque dans tout le monde oriental.
Relativement aux militaires ([2]), toutes les dispositions du
x° siècle s'y retrouvent; nous ne voyons qu'une innovation :
elle consiste en ce que désormais l'aîné des mâles seul suc-
cède à son père soldat dans sa propriété militaire et dans sa
charge ([3]). Il résulte de tout ceci que jusqu'à la chute de l'Em-

[1] Zach., *J. G. R., Synopsis minor,* N. 43, p. 181.
[2] *Harmenopule,* I, 16, 7 et s., p. 178 s. et III, 3, 114, p. 282 et 283.
[3] *Harmenopule,* I, 16, 12, p. 182.

pire l'organisation militaire a subsisté telle que nous l'avons
étudiée.

A côté des sources juridiques que nous venons de citer, il
existe une source historique dans laquelle on a cru pouvoir
trouver des renseignements plus précis sur les descendants
des στρατιῶται de Constantin VII et de Nicéphore. Nous voulons parler du *Livre de la Conqueste* dont l'auteur est inconnu et qui a été écrit vers le milieu du xive siècle (¹). Cet
ouvrage relate la conquête de l'Empire d'Orient par les
Francs et spécialement l'occupation de la Morée; par conséquent, il nous met en présence d'événements qui se sont
passés au commencement du xiiie siècle.

En lisant cette chronique, il semble tout de suite qu'on se
trouve en face d'une véritable organisation féodale presque
identique à celle de l'Occident. Les notables grecs y reçoivent les titres de gentilshommes, de seigneurs, et on les met
absolument sur le même rang que les barons venus de
France. Il est question de leurs châteaux forts, même de
leurs fiefs, et de leurs droits sur les gens du peuple. Il semble
qu'en débarquant sur les terres de Byzance, les Latins y aient
trouvé les mêmes hommes et les mêmes coutumes que chez
eux, et que, sans rien brusquer, sans secousse aucune, simplement en suivant les habitudes du lieu, ils aient pu continuer leur vie d'autrefois.

Dès que Guillaume de Saluces, cousin du comte Thibaut
de Champagne, nous dit le chroniqueur « ot ainxi la contrée
de la Morée conquestée et soux mise soux soy, si fist un par-
lement avec tous les gentils homes grex qui estoient ou lui;
et les requist et comanda que il deussent conseillier loyau-

(¹) Buchon, *Livre de la Conqueste*, Introduction, p. XXI.

ment coment et en quel manière il porroit mieux assez guer-
roier, et par quel part il porroit plus tost venir à chief de
conquester le pays » (¹).

Guillaume, conseillé par ce groupe de barons byzantins,
décide d'aller attaquer Corinthe et il la prend malgré les
efforts d' « uns vaillans homs grex, qui estoit appelés Sguro,
et estoit seignor de Corinte, d'Argues et de Naples » (²).

Il poursuit ses conquêtes, et quand les puissants du pays
virent qu'ils prenaient villes et châteaux, « si se accorderent
avec le Champenois en tel maniere : que li gentil home grec
qui tenoient fiés et terres et les casaùx dou pays eust cescun
et tenist selonc sa qualité, et le surplus fust départi à nostre
gent ; et que le peuple payaissent et servicent aìnxi come il
estoient usé à la seignorie de l'empereur de Costantinople » (³).
Pour atteindre ce but, ajoute le narrateur, on composa une
commission de Geoffroy de Villehardouin « et autres plusieurs nobles homes que le Champenois comanda, et des
nobles et sages homes grex dou pays (⁴).

A toutes les prises de châteaux forts, les Grecs ne se ren-
dent qu'à cette condition « que cescun deust avoir son tene-
ment, ainxi come il le tenoit devant » (⁴).

Quand Guillaume de Saluces part pour la France, avant
son départ il réunit un conseil pour fixer définitivement la
situation de chacun : ce conseil est composé de « deux eves-
ques, deux barons et quatre arcondes grex des plus sages
dou pays » (⁵).

(¹) Buchon, *Livre de la Conqueste*, p. 35.
(²) *Livre de la Conqueste*, p. 36.
(³) *Livre de la Conqueste*, p. 39.
(⁴) *Livre de la Conqueste*, p. 42, 44, 59.
(⁵) *Livre de la Conqueste*, p. 46.

Tous ces nobles Grecs naturellement ne payent aucune taxe,
aussi quand Philippe de Savoie, prince de Morée, veut les
imposer, ils se rassemblent, et « disent entre eaux : car ils
souffreroient ançoys la mort et de estre destruit, que de
payer un seul denier de celle colte » (¹).

Tout cela est très clair. Faut-il en conclure, comme on l'a
fait, qu'il y avait une féodalité orientale, et que cette féodalité était composée de descendants des soldats propriétaires
dont nous nous sommes occupés jusqu'ici? nous ne le pensons
pas.

Il n'y avait point de féodalité à Byzance, ni aucune organisation s'en rapprochant, mais un état de fait présentant seulement une analogie trompeuse avec ce qui existait alors en
Occident. On y aurait recherché vainement la curieuse hiérar-
chie fondée par la coutume et ayant la force d'une institution
légale et le droit de souveraineté reconnu à chaque propriétaire dans la limite de ses possessions qui étaient la double
caractéristique du monde féodal. Point d'hommage à prester
à qui que ce soit. Point d'investiture lorsqu'un héritier venait à la succession d'une terre laissée par un notable défunt.
Point de droit de guerre privée. Point de droit de justice.
Les barons francs avaient reçu leurs terres du roi ou des
grands vassaux; « les nobles grecs » avaient ajouté au patrimoine de leurs ancêtres des terres qu'ils avaient volées à de
moins forts qu'eux. Les uns comme les autres avaient profité
des luttes perpétuelles, des troubles constants et de la faiblesse du pouvoir central pour se rendre indépendants de
toute autorité, pour se délier de la plupart de leurs obligations et pour usurper une foule de droits; ils avaient de plus,

_____

(¹) *Livre de la Conqueste*, p. 424

écrasé, absorbé, asservi les humbles ; c'étaient là tous leurs points de contact. En dehors de cela, plus aucune ressemblance. En Occident, l'organisation féodale avait été légitimée et reconnue par le droit ; le roi ou l'empereur était le suzerain de tous ceux qui, habitant ses Etats, étaient par ce seul fait ses serfs, ses vassaux, ses fidèles et tenaient tout de lui et par sa volonté. En Orient, il n'y avait que des usurpateurs dont les droits n'avaient jamais été reconnus, à qui rien n'avait jamais été concédé et contre qui le Basileus fulminait mais en vain. D'une part, une institution admise par tous et reconnue légitime par la coutume ayant force de loi, la Féodalité ; d'autre part, un état de fait, combattu par la loi écrite et maudit par l'empereur, l'anarchie byzantine.

Et maintenant on pourra nous objecter les passages précités du *Livre de la Conqueste,* peu nous importe. Les compagnons de Beaudoin de Flandre et de Guillaume de Saluces ne devaient être ni de très savants légistes, ni de très fins observateurs. Rudes hommes de guerre, ne pensant qu'aux brillantes chevauchées et aux vigoureuses estocades, ne rêvant que joutes et batailles, ennemis transpercés de part en part et s'amoncelant sur l'herbe rougie, plus habiles à manier l'épée et la masse pesante qu'à pénétrer les mystères d'un état social différent du leur, ils pensèrent forcément, en âmes simples, que ce qui était chez eux existait aussi ailleurs. Arrivés sur la terre grecque, ils virent ce qu'ils avaient toujours vu chez eux, de grands possesseurs de terres, ne payant pas l'impôt et se défendant l'épée au poing à l'abri de fortifications, leur servant en même temps de demeure ; ils prirent la forme pour la chose, l'enveloppe pour le contenu. Dans leur esprit, il ne fut pas un instant douteux qu'ils se

trouvaient en Grèce en présence d'une organisation identique
à celle qu'ils avaient toujours connue, et ils arrivèrent d'autant plus facilement à cette certitude que presque sûrement
ils n'avaient jamais conçu rien de différent. C'est ainsi qu'ils
donnèrent aux chefs grecs les titres de seigneurs et de gentilshommes, et avec ce respect de la classe noble qui était
chez eux si fortement enraciné, ils ne crurent pas pouvoir les
isoler dans l'organisation nouvelle qu'ils créèrent, et ils se
mêlèrent à eux. Ceux-ci naturellement en profitèrent pour
revendiquer des droits qu'ils n'avaient jamais eus, et pour
faire sanctionner un état de fait qui n'était que le résultat
d'usurpations successives ; ainsi ils donnèrent encore mieux
aux barons francs, l'illusion d'hommes de race soucieux
avant tout non point de la vie mais de leurs privilèges et de
l'honneur de leur nom. Nous concluons que le *Livre de la
Conqueste* ne prouve rien en notre matière.

Qu'on ne nous oppose pas davantage l'adjonction au *Liber
feudorum* de la Novelle de Constantin VII sur les στρατιῶται.
Cela n'empêche pas qu'il n'y avait dans l'empire byzantin rien
qui présentât les traits caractéristiques de la féodalité. Nous en
déduisons seulement ceci : c'est que les feudistes emboîtèrent
le pas aux guerriers et tombèrent dans la même aberration :
Esprits bornés et du reste ayant une horreur remarquable
pour l'étude approfondie de la langue grecque, ils ne firent
pas de différence entre les puissants seigneurs occidentaux et
les misérables soldats de Constantin ; ou moines ignorants, ils
copièrent en aveugles, plus soucieux de faire beaucoup de
besogne que d'en faire de bonne, une suite de textes qui
n'avaient rien de commun ou ne présentaient que d'apparentes
analogies, laissant au lecteur le soin de choisir. D'ailleurs

Cujas, dans son édition du *Liber feudorum*, se prononce sur la question ([1]); lui aussi fait suivre le corps de l'ouvrage de la Novelle de Constantin, mais il y ajoute une note, dans laquelle il relève les rares analogies avec les dispositions de Lothaire et de Frédéric et quelques-unes des énormes différences. Et il est évident que pour lui la constitution byzantine placée ainsi à la suite des textes féodaux n'a aucune importance pratique mais seulement l'intérêt d'un rapprochement curieux.

Nous pouvons dire enfin que le *Liber feudorum*, œuvre lombarde en sa partie essentielle, n'était pas l'expression de ce qui se passait partout, et que de plus il n'eut jamais le caractère d'une œuvre de pratique ayant force de loi, ou constatant la coutume reconnue et par suite obligatoire, mais le caractère d'ouvrage de théorie, document précieux à respecter comme émanation du droit romain ([2]). Le Livre des fiefs ne prouve donc rien, ne vient apporter aucune clarté sur le point que nous cherchons à élucider.

Nous en dirons autant d'un texte des Cérémonies ([3]) et de l'épopée de Digénis Akritas sur lesquels on s'est basé ([4]) pour dire qu'il y avait aux frontières de l'empire d'Orient une féodalité parfaitement organisée et des vassaux presque plus puissants que le Basileus lui-même. L'épopée de Digénis Akritas est un récit merveilleux, fait de légendes rassemblées et enjolivées par des chanteurs populaires du Xe siècle, qui nous est parvenu en un manuscrit, œuvre d'un lettré du

---

([1]) Cujas, *Opera*, II, *De feudis*, livre V, p. 1345 à 1350.

([2]) Viollet, *Précis d'histoire du droit français*, I, p. 140 et 141 ; Glasson, *Droit et institutions de la France*, IV, p. 62.

([3]) Cérém, *Appendix ad librum primum*, I, p. 489.

([4]) Sathas et Legrand, *Les exploits de Digénis Akritas*, introduction, p. CXXIX.

xvi° siècle, d'après l'opinion de MM. Sathas et Legrand sous la direction desquels l'ouvrage a été édité.

Digénis Akritas est un héros, dont la bravoure est sans égale et à qui les prouesses les plus étonnantes sont attribuées ; il est gardien de la frontière (Akritas) et les chefs les plus résolus tremblent quand on prononce son nom. Ce personnage n'est point un mythe ; il a vécu, et MM. Sathas et Legrand l'ont reconnu dans un certain Panthérios, neveu de Constantin Ducas et domestique des Scholes d'Orient sous le règne de Lécapène. Notre héros est donc un fonctionnaire militaire ; il se bat avec vaillance, ce qui est son devoir et sa raison d'être, et c'est tout. Nous ne saurions voir en lui un puissant vassal, un grand feudataire presqu'indépendant du Basileus, car ce n'est pas sur une épopée faite de merveilleux et d'invraisemblable, fruit de six siècles de remaniements répétés, qu'on peut baser une théorie scientifique. Nous retenons qu'il est domestique des Scholes ; qu'il n'est rien que par l'empereur, et que celui-ci peut à tout instant le destituer : chose qui, remarquons-le bien, arriva justement à Panthérios à la chute de Lécapène.

Donc ici encore pas d'argument sérieux pour prouver l'existence d'une féodalité byzantine. On pourra nous objecter cependant que dans le récit des exploits de Digénis Akritas, il est fait mention d'une visite faite au puissant Domestique par l'empereur romain Lécapène qui, d'après un usage dont on voudrait tirer des conséquences en notre matière, arriva sans escorte ; et l'on ne manquera pas d'en rapprocher le texte des Cérémonies que nous avons tout à l'heure mentionné. Ce texte nous dit que lorsque le Basileus entrait dans un thème frontière, il abandonnait en dehors les troupes qui l'accompagnaient et était désormais escorté par des soldats du thème choisis sur son ordre, ἐκ προστάξεως τοῦ βασιλέως, par le Drongaire de la veille. Faut-il voir dans cette pratique la reconnaissance de la part du prince d'une quasi-indépendance, d'une sorte de souveraineté qui aurait appartenu au stratège ou au Domestique des Scholes? Pourquoi une pareille solution? Un chef d'Etat du xixe siècle en voyage dans les provinces se fait-il donc escorter constamment des mêmes troupes? Ou n'est-il pas plutôt accompagné par une partie de la garnison des villes qu'il traverse? Pourquoi nous étonner alors de voir à Byzance des choses qui, chaque jour, se passent chez nous? La vérité c'est que l'empereur était accompagné dans chaque thème par les troupes de ce thème et sur son ordre (ceci est caractéristique); l'escorte changeait en même temps que le territoire qu'il traversait; ainsi le voulait le cérémonial et aussi la raison. Donc cet usage ayant sa justification en lui-même ne saurait en rien éveiller une idée de respectueuse condescendance du Basileus envers des vassaux presque aussi puissants que lui. Ainsi disparaît le dernier argument en faveur de l'existence d'une féodalité dans l'empire d'Orient.

Au surplus, les « nobles grex », du Livre de la Conqueste, étaient-ils donc les descendants de nos στρατιῶται? En aucune façon. Ceux que les barons de France prirent pour des seigneurs féodaux étaient bien leurs pairs, puisqu'ils étaient les premiers d'entre les Grecs comme eux les premiers d'entre les Français; mais ce n'étaient en rien des militaires de profession. Depuis longtemps, nous avons reconnu en eux les grands possesseurs fonciers, les descendants des δυνατοί du xe siècle continuant leur œuvre de jadis. Ils sont restés ce qu'ils étaient; en opprimant les humbles, ils ont augmenté leur fortune et se sont entourés d'une foule de clients demi-esclaves, réalisant ainsi les craintes de Lécapène et de Constantin VII.

De leur côté, les στρατιῶται sont au même point qu'autrefois; ils sont restés les pauvres hères que la loi (1) est obligée de protéger toujours dans leur personne comme dans leurs biens, jusqu'à la chute de l'Empire. Lamentable société militaire! Qu'elle est loin de la féodalité occidentale! Quel insondable abîme entre le baron franc et le στρατιώτης byzantin! D'un côté, l'élément militaire a absorbé et asservi l'élément civil; de l'autre, tout au contraire, le soldat est resté pauvre et faible en présence d'une aristocratie civile qui, chaque jour, a augmenté sa puissance, souvent à ses dépens. Ne disons donc plus que la στρατεία est devenue un fief, que les στρατῶται se sont transformés en seigneurs puissants et que l'organisation militaire byzantine a donné le jour à une véritable féodalité. Pensons au contraire, et avec plus de raison, que les *milites limitanei* de Rome, puis les ἀκρίται de Byzance sont restés toujours ce qu'ils furent dans le principe, les humbles, les opprimés, les éternels misérables.

(1) Harménopule, *Textes cités*, p. 115.

Vu : *Le Président de la thèse,* Vu : *Le Doyen,*
H. MONNIER. BAUDRY-LACANTINERIE

Vu et permis d'imprimer :
Bordeaux, le 19 janvier 1898.
Le Recteur,
A. COUAT.

BIBLIOGRAPHIE

Buchon. — Recherches historiques sur la principauté française de Morée. — Le livre de la Conqueste. Paris, 1845, 2 vol.

Cedrenus. — Compendium historiarum. Bonn, 1839, 2 vol.

Constantin Porphyrogénète. — OEuvres (De Ceremoniis. — De Thematibus. — De Administrando imperio). Bonn, 1829-1840, 3 vol.

Cujas. — Opera ; (II — de feudis) ; Naples, 1722, 11 vol. . .

Du Cange. — Glossarium ad scriptores mediæ et infimæ latinitatis, 1678, édition de Paris, 1840-1850, 7 vol.

— Glossarium ad scriptores mediæ et infimæ græcitatis, 1688, édition de Paris, 1891, 2 vol.

Finlay. — History of Greece. Oxford, 1877, 7 vol.

Fustel de Coulanges. — Histoire des institutions politiques de l'ancienne France. Paris, 1888-92, 6 vol. (L'invasion germanique. Les origines du système féodal.)

Garsonnet. — Histoire des locations perpétuelles. Paris, 1879, 1 vol.

Gibbon. — The history of the declin and fall of the roman Empire (traduction Buchon). Paris, 1839-1841, 2 vol.

Glasson. — Histoire du droit et des institutions de la France. Paris, 1887-96, 7 vol.

Harmenopule. — Hexabiblos. Leipzig, 1851 (éd. Heimbach), 1 vol.

Heimbach. — Basilicorum libri LX. Leipzig, 1850, 7 vol.

Lehuerou. — Histoire des institutions mérovingiennes et du gouvernement des Mérovingiens. Paris, 1842, 1 vol.

Leo Diaconus. — Historiæ. Bonn, 1828, 1 vol.

Leo Grammaticus. — Chronographia. Bonn, 1842, 1 vol.

Leunclavius. — Juris græco-romani tam canonici quam civilis tomi duo. Paris, 1596.

H. Monnier. — L' Ἐπιβολή. Nouvelle revue historique de droit français et étranger, 1892, 1894, 1895,

Montreuil. — Histoire du droit byzantin. Paris, 1843, 1846, 3 vol.

Paparrigopoulo. — Ἱστορία τοῦ ἑλληνικοῦ ἔθνους. Athènes, 1886, 5 vol.

G. Platon. — La démocratie ancienne. *Devenir social*, 1897.

Rambaud. — L'empire grec au x⁰ siècle. Constantin Porphyrogénète. Paris, 1870, 1 vol.

— Une épopée byzantine au x⁰ siècle. *Revue des Deux-Mondes*, août 1875.

Sathas et Legrand. — Les exploits de Digénis Akritas. Epopée byzantine au x⁰ siècle. Paris, 1875. 1 vol.

Schlumberger. — Sigillographie byzantine, Paris, 1884, 1 vol.

— Un empereur byzantin au x⁰ siècle, Nicéphore Phocas, Paris, 1890. 1 vol.

— L'épopée byzantine à la fin du x⁰ siècle. Jean Zimiscès. Basile II le tueur de Bulgares. Paris, 1896, 1 vol.

Serrigny. — Droit public romain. Paris, 1862, 2 vol.

Sophoclès. — Greek lexicon of the Roman and Byzantine periods. New-York, 1893, 1 vol.

Syméon Magister. — *Annales*. Bonn, 1838, 1 vol.

Théophanes Continuatus. — Chronographia. Bonn, 1838, 1 vol.

Viollet. — Précis de l'histoire du droit français. Paris, 1884-1886, 2 vol.

Zachariæ. — Jus græco-romanum. Leipzig, 1856-1884, 6 vol.

— Geschichte des Griechisch-römischen Rechts. Berlin, 1re éd. 1856-1864 (trad. Lauth, 1870), 2e éd. 1877, 3e éd. 1892.

TABLE DES MATIÈRES

Pages

Introduction   1

PREMIÈRE PARTIE

LES BÉNÉFICES MILITAIRES DANS L'EMPIRE D'OCCIDENT

Chapitre premier. — L'infiltration barbare   13
Chapitre II. — Les *Agri limitanei* et leurs possesseurs   20

DEUXIÈME PARTIE

LES BÉNÉFICES MILITAIRES DANS L'EMPIRE D'ORIENT

Chapitre premier. — L'empire byzantin au xᵉ siècle. Son histoire. Son éten-
      due. Ses voisins   39
Chapitre II. — Les thèmes. Leur population militaire   46
Chapitre III. — Les textes. Les constitutions   56
Chapitre IV. — Les possesseurs de terres militaires au xᵉ siècle   63
    I. Leurs droits   64
    II. Leurs obligations   74
    III. Mesures protectrices contre les abus des puissants   81
    IV. Dispositions relatives aux biens d'un soldat criminel   87
Chapitre V. — Les Στρατιωτικὰ κτήματα   89
    I. Régime de la propriété immobilière dans l'empire byzantin   89
    II. La Στρατεία. Son caractère. Sa nature. Sa valeur   93
    III. Des aliénations de biens militaires   97
       A. Nullité de ces aliénations   98
       B. De la restitution du prix payé par l'acheteur de biens militaires
       évincé   107
       C. Insaisissabilité des biens militaires par le fisc   112
    IV. Des usurpations de biens militaires   113
Conclusion. — Les destinées des bénéfices militaires dans l'Empire à partir
    du xᵉ siècle   115

21,764. — Bordeaux, Y. Cadoret, impr., rue Montméjau, 17.

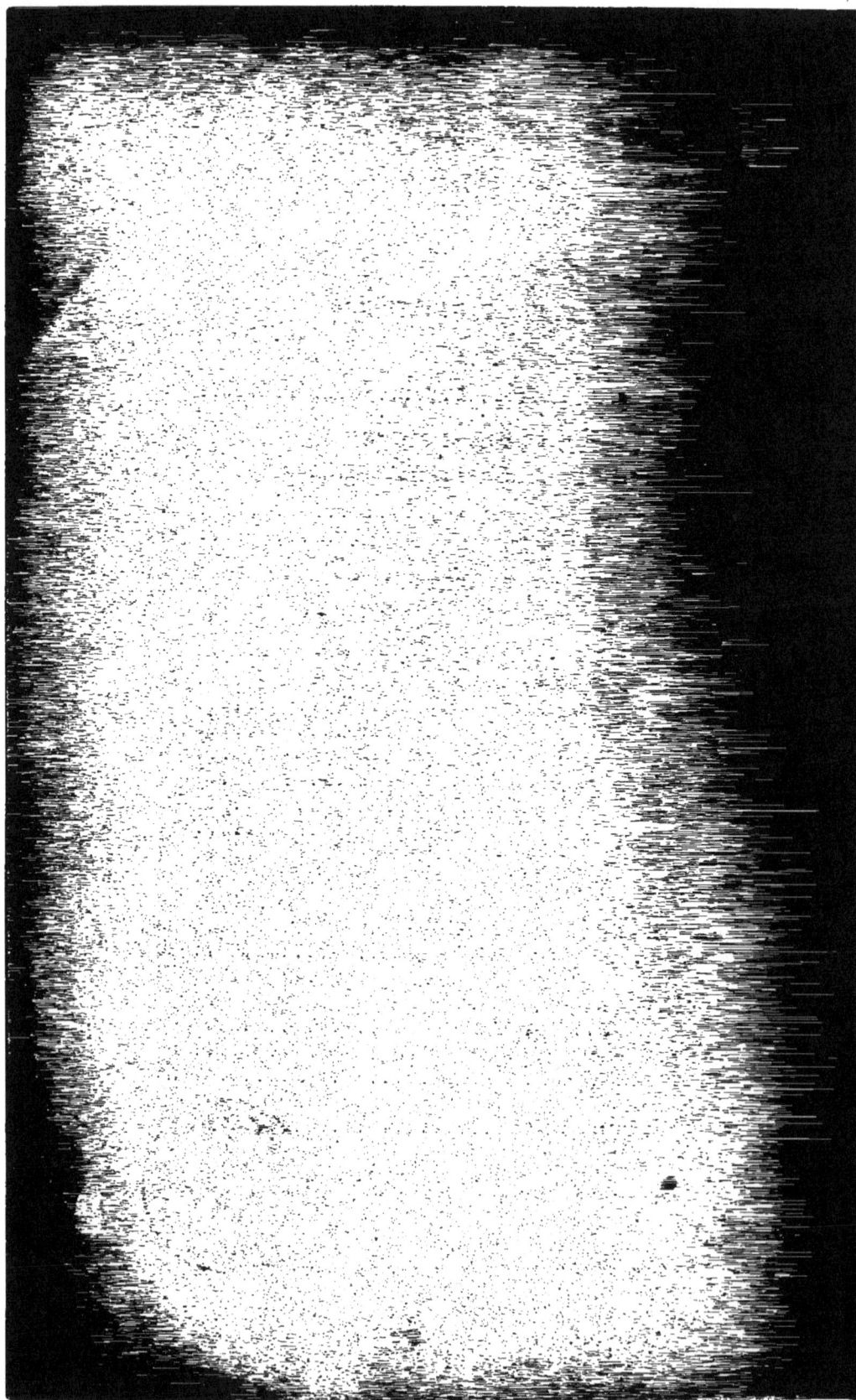